PSICOTERAPIA EXISTENCIAL

noções básicas

Valdemar Augusto Angerami

PSICOTERAPIA EXISTENCIAL

noções básicas

Revisão, atualização e inserção de novos temas
Bruno Gonçalves

Artesã

Psicoterapia existencial: noções básicas
15ª edição - 1ª Reimpressão 2021

DIRETOR
Alcebino Santana

COORDENAÇÃO EDITORIAL
Karol Oliveira

DIREÇÃO DE ARTE
Tiago Rabello

REVISÃO
Maggy de Matos

CAPA
Karol Oliveira

IMAGEM DE CAPA
Evandro Angerami

FOTOGRAFIA ORELHA
Paula Linhares Angerami

PROJETO GRÁFICO E DIAGRAMAÇÃO
Conrado Esteves

A587 Angerami, Valdemar Augusto, 1950-.
Psicoterapia existencial : noções básicas / Valdemar Augusto Angerami . – 15. ed. – Belo Horizonte : Ed. Artesã, 2018.
168 p. ; 23 cm.

ISBN: 978-85-88009-84-4

1. Psiquiatria. 2. Psicoterapia. 3. Psicoterapia existencial. 4. Fenomenologia. 5. Psicologia Fenomenológica. I. Título.

CDU 616.89

Catalogação: Aline M. Sima CRB-6/2645

IMPRESSO NO BRASIL
Printed in Brazil

(31)2511-2040 (31)99403-2227
www.artesaeditora.com.br
Rua Rio Pomba 455, Carlos Prates - Cep: 30720-290 | Belo Horizonte - MG
/artesaeditora

Para
os ensandecidos
que creem e fazem crer
na possibilidade de uma psicoterapia
verdadeiramente humana...

SUMÁRIO

PARÊMIAS DO TERAPEUTA EXISTENCIAL

Valdemar Augusto Angerami

O Terapeuta Existencial é assim como o Sol: irradia luz e inspiração.
É a primavera que desabrocha em flores, cheia de cor.
São pássaros que cantam o alvorecer de um novo dia.
O rio que corre para o mar dissipando tormentas e entulho.
O orvalho da manhã que se faz criança e encanta a dor.
É o mandacaru anunciando, depois de uma longa estiagem no sertão, as chuvas e a esperança.
A sinceridade que sabe corresponder à fraqueza das atitudes e às excelsitudes dos ideais.
A flor que desabrocha.
A estrela que cintila na imensidão da noite.
O prenúncio de novas formas poéticas.
O bálsamo que cicatriza as chagas existenciais.
O mar em sua imensidão: ondas calmas e revoltas.
O Terapeuta Existencial é o compreender.
O clarificar, o elucidar.
A vida. A morte.
Bonanza, harmonia, paz e turbulência.
A Lua com as estrelas dominando o firmamento.
Plantas que, molhadas pelo aguaceiro, cintilam com o surgimento do Sol.
A dor em cada sorriso e o sorriso em cada dor.
O Ipê-Roxo, fechando o Inverno e apresentando a Primavera, anunciando o tempo maravilhoso das flores.
A música de Mozart em suas nuanças maravilhosas.
O Terapeuta Existencial é o refletir de sentimento.
O tiziu voando ligeiro e rasteiro.
As cores negras do anu.
A paz da oração.
Folhas secas, encarquilhadas pelo tempo.
A pureza melódica das cantatas de Bach.
O céu azul, sereno e sem nuvens.
O luar de agosto.
A chuva de Outono. As noites de Verão.
O Terapeuta Existencial é o codificar e o decodificar de emoções.

O ar. O ser. O Nada. O existir.
O dia que termina em cada entardecer.
É o muçum, peixe que, na seca, cava um buraco no barro e aí permanece até que as águas reapareçam.
A margarida desfolhada depois da Primavera.
Lágrimas, o sorriso. O pranto de dor e de alegria.
O Terapeuta Existencial é a busca de um processo.
Um pedido de ajuda.
A noite de tranquilidade.
A relva verde crescendo, crescendo, crescendo ... crescendo no seu próprio tempo...
O pôr do sol colorido de vermelho.
A borboleta lilás. O cedro, o chorão e a pinha.
A hortência, são as orquídeas.
Um corpo que fala; mãos que gesticulam, palavras que se calam...
A situação terapêutica em esplendor.
O exilado que volta ao seu porto natal.
O Terapeuta Existencial é o buscar da compreensão.
A serenidade de quem sabe enfrentar as adversidades da existência de maneira plena e autêntica.
O guerrilheiro lutando pela construção de um sociedade mais justa e humana.
O ser que dimensiona o existir.
O existir frente às possibilidades segundo as quais o mundo se apresenta.
A praia com crianças correndo na areia.
A arte de relacionar-se com pessoas; uma arte única e incomparável.
É o tudo, mas acima de tudo e por tudo, é amor...

AGRADECIMENTOS

O caminho é feito pelas rodas das carroças;
As pessoas transitam na vida, umas nas outras...
(SABEDORIA CIGANA)

Tantos agradecimentos se fazem necessários, que sempre incorremos no erro drástico de excluir pessoas especiais e que muito conbribuiram para esse livro.

Inicialmente, gostaria de agradecer aos milhares de leitores que se debruçaram sobre as edições anteriores e com suas críticas e elogios fizeram com que ele voltasse renovado, com vigor único, para atender a demanda que sempre suscitou. Nesse rol, temos desde os alunos dos diversos cursos, ao longo do país, que o estudaram, até profissionais que se balizaram em suas atuações por suas versões anteriores.

Esse livro em sua nova versão atualizada e revisada se deve, principalmente, ao trabalho minucioso e dedicado de Bruno Gonçalves, que é dessas pessoas que a vida coloca em nossos caminhos, para mostrar o tanto que é possível a superação de si mesmo, diante de tantos desatinos. Não há como agradecer seu empenho e esmero.

Novamente, meu agradecimento a Karol Oliveira, responsável editorial, que se tornou parceira nessa trajetória, sem perda da qualidade de seu trabalho e dedicação profissional. E, ainda, ao Mestre Alcebino, que com seu arrojo está avalizando essas publicações, sem qualquer esmorecimentos diante da audácia de que são revestidas.

Um agradecimento muito especial a você que o lê, nesse momento. Alguém que dedica momentos preciosos de sua vida, para compartilhar de nossas reflexões e dúvidas.

APRESENTAÇÃO

Pássaros de mesma plumagem voam juntos...
(Sabedoria cigana)

Este livro foi concebido e idealizado para suprir a lacuna existente nas obras que dão concretude à psicoterapia existencial no Brasil. Ele dá parâmetros precisos sobre a prática e o caminho percorrido por seus precursores na construção dessa vertente psicoterápica. Nas últimas edições sempre deixei a tarefa de atualização a outras pessoas. No caso dessa atual formatação, a tarefa foi confiada a Bruno Gonçalves, que executou o trabalho de maneira majestosa. A minha decisão de não mais me debruçar sobre este livro é sempre a consciência incômoda de que ele precisa ser totalmente revisto, o que certamente o tiraria da condição de noções básicas.

É um livro escrito com irreverência, amor e paixão. E mesmo estando dentro das normatizações vigentes, que norteiam as produções científicas, não houve a intenção de torná-lo ou até mesmo enquadrá-lo, dentro de uma ótica estritamente academicista. Ao contrário, houve até mesmo uma tentativa de quebra da aridez temática, introduzindo-se, entre alguns capítulos, parêmias repletas de nuanças e formas poéticas. E mesmo de citações poéticas antes do início das reflexões sobre as temáticas existencialistas.

É um livro direcionado para as lides universitárias, que buscam subsídios teóricos para uma compreensão mais abrangente das diversas correntes psicoterápicas. E também para os inúmeros profissionais que buscam embasamento para suas práticas profissionais.

Muitos livros e muitas buscas fazem com que a vida seja direcionada para questionamentos sobre o próprio sentido dessas buscas. Que níveis do conhecimento são atingidos por esse livro é tangível apenas em algum ponto da reflexão pormenorizada que certamente abrangerá. Em que aspecto, por outro lado, contribuirá para o abrandamento das questões e críticas que gravitam em tomo da Psicoterapia Existencial é, igualmente, outro aspecto que apenas torna-se-á transparente, a partir da criticidade que incide sobre ele.

Um livro sempre traz em seu bojo algo maior do que o seu mero alinhavo teórico; como um objeto lançado rumo a uma determinada direção e que encontra obstáculos em seu percurso, igualmente um livro apresenta desvios em seu percurso que ao tornarem-se transitórios, ou então definitivos, faz dele uma simples fragância que se perde e se mistura ao deleite de outras essências.

Novamente estamos indo ao encontro a algo que se funde entre resquícios de críticas anteriores e de elogios e entusiasmo pelo tanto que já foi vivido. A produção acadêmica e a reflexão sistematizada pairando em níveis intelectuais sobre determinados ponteamentos é apenas e tão-somente digressão teórica e até mesmo filosófica, que incide sobre a vida, mas que não tem como configurar-lhe forma e contornos específicos. A essência da vida talvez esteja muito mais exuberante no céu azul contornado apenas pelo espasmo de algumas nuvens brancas a emoldurar a florada da sibipiruna e do jacarandá-mimoso. Escrevo e tenho a consciência de que um texto que reflete sobre temas existenciais também é, ou então deveria ser, algo que inserisse a própria vida numa amplitude onde nenhum elemento da Natureza fosse isolado ou deixado numa condição de ostracismo. Passeio um longo passear.

Passeio pela minha imaginação e concebo a percepção dos meus leitores, deparando-se com um texto que insiste em ser livre e desprendido de amarras formais, embora abordando questões complexas e cruciais, no emaranhado da condição humana. É como se num repente pudesse envolver cada leitor e esclarecê-lo não apenas das dúvidas suscitadas no texto, como também, e, principalmente, pudesse vagar ainda sobre questões pessoais e individuais de cada um.

De maneira mágica seria, então, um autor que saltaria das páginas do livro e se transformaria num amigo, confidente, amante e companheiro de desatinos e alegrias. Percorreria cada leitor em seus caminhos e ilusão. E daria configuração ao irreal da tentativa de abstração feita pelo leitor da figura do autor. Também convidaria cada leitor para ajudar no enriquecimento do próprio livro, através da contribuição de depoimentos, experiências pessoais e situações vivenciais inerentes a cada um. Teríamos, assim, um livro onde eu seria apenas o organizador, com cada leitor tomando-se coautor na busca e construção de novas formas e buscas existenciais. E cada leitor, ao colocar o livro na sua cabeceira, mesa, prateleira, pasta, para levá-lo juntamente com outros materiais acadêmicos, não tivesse junto de si apenas uma produção gráfica, mas, sim, um amigo que estivesse a repartir preciosamente o universo pessoal de cada um.

Passeio agora pelo meu ontem. O meu ontem é o meu hoje, misturado ao meu amanhã. Tudo foi e ainda é na essência de uma suave vir-a-ser. E de tudo sempre fica um pouco. Um pouquinho que seja. Um pouco de vida, de felicidade, da lágrima, da alegria, da dor e do riso. Você que me lê nesse momento é o meu próprio sentido de vida, nesse instante. Certamente a razão de ser dessas letras e reflexões. Sinta-se, então, não apenas enriquecido e energizado com as reflexões teóricas apresentadas, mas também e, principalmente, acarinhado em cada letra, linha, parágrafo e página desse livro. Ele é o seu, o meu, o nosso livro. Foi escrito pelas minhas mãos, mas seguramente teve a contribuição da sua emoção em sua elaboração astral. Observe-o atentamente: ele não é mais um livro acadêmico, ou filosófico, ou teórico. Ele é o livro de nossas vidas, escrito com muito amor e paixão.

Serra da Cantareira, numa manhã azul de Primavera...

EXISTENCIALISMO: UM BREVE ESBOÇO

O essencial não é aquilo que se fez do homem,
mas aquilo que ele fez daquilo que fizeram dele.
(SARTRE)

A tentativa de se compreender o Existencialismo, enquanto corrente filosófica se reveste de dificuldades bastante complexas, além das dificuldades inerentes ao pensamento filosófico em geral. E, tendo como agravante o fato de não sermos filósofos, essa incubência é ainda mais onerosa.

Uma primeira questão: -o que é Existencialismo? E na sequência, outra dúvida se faz presente: -a que nos referimos quando falamos em Psicoterapia Existencial?

A Psicoterapia Existencial no Brasil, e segundo dados citados por Rollo May[1], também nos EUA e Europa tornou-se área de domínio público. Muitas práticas, ao se tomarem precárias em termos de orientação teórica, são definidas indevidamente como sendo práticas determinadas pela vertente existencialista. Desde práticas como Biodança até outras que sequer merecem ser denominadas como psicoterapia, o jargão existencial é, na maioria das vezes, utilizado sem nenhuma correlação com os pressupostos da filosofia existencialista.

Nesse sentido, é imprescindível uma pequena incursão histórica sobre a produção filosófica, para uma melhor compreensão da temática; nossa intenção é apenas considerar o Existencialismo em seu surgimento histórico, e jamais o estabelecimento de uma história da Filosofia.

Os pensadores existencialistas são considerados ateus, em sua grande maioria. Ser existencialista praticamente traz sobre si, e muitas vezes

[1] MAY, R. *Peligros em la Relación Entre el Existencialismo y la Psicoterapia,* in *Psicoanálise y Filosofia Existencial.* H.M. Ruitembreek, org., Buenos Aires: Ed. Paidós, 1965.

indevidamente, a pecha de ateu. E se alguns se definiram como sendo ateus, outros, ao contrário, definiram-se claramente por vertentes religiosas bastante definidas.

Essa abrangência do Existencialismo como sendo uma corrente do ateísmo deve-se principalmente ao fato de Sartre, um dos principais arautos do Existencialismo, ter-se posicionado em diversas ocasiões contra a existência de Deus.

Deus está morto! foi entoado por Nietzsche e posteriormente pelas reflexões de Sartre. No entanto, por mais paradoxal que possa parecer, estudos recentes sobre a filosofia sartreana mostram que, apesar de trabalhar no sentido de negar a existência de Deus, Sartre foi o filósofo contemporâneo que, ainda que na negação, mais trouxe reflexões sobre Deus, mostrando aos estudiosos da filosofia contemporânea reflexões pormenorizadas sobre a crença humana e a própria deificação da condição do homem.

É totalmente indevida essa justaposição que se faz ao Existencialismo como sendo uma corrente filosófica do ateísmo.

Os principais pensadores existencialistas são Sõren Kierkegaard (dinamarquês, 1813-1855), Friedrich Nietzsche (alemão, 1844-1900), Martin Heidegger (alemão, 1889-1976) e Jean-Paul Sartre (francês, 1905-1980)[2].

Dos quatro principais expoentes, Kierkegaard foi cristão e confesso protestante e os demais classificados como ateus. Entre os vultos secundários predominam os existencialistas religiosos. Miguel de Unamuno (espanhol, 1864-1936) e Gabriel Marcei (francês, 1889-1973) são católicos romanos, Leon Chestov (russo, 1868-1938) e Nicolau Berdiáiev (russo, 1874-1948) são católicos orientais ou ortodoxos. O judaísmo é representado por Martin Buber (1878-1965), que nasceu na Alemanha e fixou-se mais tarde em Israel. Existencialistas ateus de importância secundária são Simone de Beauvoir (francesa, 1908-), Albert Camus (francês, 1913-1960) e Maurice Merleau- Ponty (francês 1908-1961). Camus, entretanto afastou-se do Existencialismo nos anos imediatamente anteriores à sua morte; e Merleau-Ponty, que para alguns críticos nunca fora um representante típico do movimento, abandonou-o muito antes. Karl Jaspers

[2] OLSON, R.G. Introdução ao Existencialismo. São Paulo: Editora Brasiliense, 1970.

(alemão, 1883-1969), que grande número de pessoas consideraria um dos principais pensadores fenomenologistas, é difícil de ser classificado.

Edmund Husserl (alemão, 1859-1938), fundador do movimento conhecido como Fenomenologia, também merece referência. Embora não fosse ele próprio existencialista, Husserl foi muito tempo guia de Heidegger, e tanto Sartre como Merleau-Ponty afirmaram estar em dívida com ele, especialmente no que se refere a questões de método. Contudo, dado o fato de que Husserl é passível de interpretações diversas, não é possível determinar com segurança quer a natureza precisa, quer a amplitude de sua influência sobre o Existencialismo[3].

A própria aceitação da expressão filosofia da existência é revestida de alguma polêmica. Ao proferirmos a palavra existencialismo, a primeira entoação a ser destacada é existência. Existência, de outra parte, contrapõe essência.

Historicamente, a palavra essência é anterior. *Essentia*, forma latina derivada do verbo esse, ser. Quando os latinos se entregavam à meditação filosófica, a pensar aquilo que é, diziam estar pensando na essência da coisa. Só muito mais tarde surgiria em latim a palavra *existentia*, existência, derivada do existere, que significa sair de uma casa, um domínio, um esconderijo. Mais precisamente, existência, na origem, é sinônimo de mostrar-se, exibir-se, movimento para fora. Daí denominar-se existencialista toda filosofia que trata diretamente da existência humana[4].

Apesar dos inúmeros autores definidos como existencialistas, na análise amiúde dos fatos, as obras de Sartre e Heidegger destacam-se das demais e praticamente dividem em duas as vertentes principais do Existencialismo. E, embora Heidegger não tenha se definido como adepto do Existencialismo, atribuindo à sua obra a denominação de análise existencial, ainda assim é muito difícil, se não impossível, encontrar-se citações e obras que se referem ao Existencialismo onde não seja citado com um dos principais expoentes existencialistas.

Embora Kierkegaard seja considerado um dos iniciadores do movimento, existem citações, que mostram antecedentes. O grito de Sócrates opondo-se a um pensamento de base dos físicos jônicos, e determinando

[3] *IBID. op.cit*

[4] PENHA, J. *O Que é Existencialismo*. São Paulo: Editora Brasiliense, 1982.

o imperativo interior *conhece a ti mesmo*. A mensagem dos estóicos, propondo domínio sobre si, diante do enfrentamento do destino. E Pascal, levantando-se contra a grande aventura cartesiana, priorizando o homem, sua vida e sua morte[5]. Também é a pobreza de São Francisco de Assis um acinte diante da Igreja dos papas revestidos de luxo e poder.

No campo da literatura vamos encontrar autores que, embora não tenham sido filósofos, seguramente aprofundaram temas existencialistas de maneira ímpar. Nesse rol encontramos Dostoiévski, Leon Tolstói, Oscar Wilde, George Sand, Graciliano Ramos, Vinícius de Morais, Fernando Pessoa, Rainer Maria Rilke, Ligia Fagundes Telles, entre outros.

Fiodor Dostoiévski, em termos literários, talvez seja o autor que mais profundamente refletiu sobre a condição humana em seus aspectos mais íntimos e subjetivos. Dentre sua vasta obra podemos destacar *O Sonho do Príncipe*, onde praticamente é feito um tratado sobre a antipsiquiatria, a partir da alteração de consciência apresentada pelo personagem principal; também *O Idiota*, em que a condição humana de virtude, dignidade, é confrontada e encarada, diante das vicissitudes sociais. A obra de Dostoiévski é leitura obrigatória a todos que, de alguma maneira, se interessam pela compreensão abrangente da condição humana.

Da obra de Leon Tolstói destaca-se *Senhor e Servo* em que a congruência das relações humanas é exposta de maneira contundente e reflexiva, levando a um sem-número de reflexões. Oscar Wilde desponta com *O Retrato de Dorian Gray*, ao discorrer de maneira magistral sobre questões como paixão, afeto, amizade, desejo, ambição, como poucas vezes registrada na literatura mundial.

George Sand destaca-se, também, pelo aspecto visionário de sua obra. Tendo escrito numa época em que precisou emprestar um nome masculino, para ter suas obras publicadas, essa autora notável escreve preciosidades como *A Pequena Fadete* e *Ele e Ela*, onde questões como o surgimento de doenças orgânicas, a partir do sofrimento espiritual e aspectos subjetivos, presentes numa relação amorosa, são mostrados de maneira soberba, evidenciando um nível apurado de conhecimento da condição humana.

Na literatura nacional, encontramos Graciliano Ramos, com destaque para *Vidas Secas*, onde o sofrimento e a esperança do homem, diante

[5] MOUNIER, G. *Introducción a el Existencialismo*. Madri: Rev. de Ocidente, 1957.

da diversidade, são mostrados de maneira contundente e real; Vinícius de Morais escreveu como poucos sobre a paixão, destacando esse aspecto da condição humana, mostrando assim a importância de dar-se um sentido à vida, a partir da paixão. Já em Ligia Fagundes Telles vamos encontrar em *Antes do Baile Verde* um conto onde a exuberância da condição humana diante do prazer e do sofrimento confronta-se num contraponto de intensa pulsação e ardor existencial.

Fernando Pessoa e Rainer Maria Rilke, por outro lado, incontestavelmente são nomes que ardorosamente escreveram sobre o pulsar de uma intensa emoção, dando à condição humana a própria dimensão da transcendência.

O Existencialismo moderno, por outro lado, surge num momento de grande inquietação frente aos pressupostos da Filosofia e de movimentos que abalaram o mundo – de modo significativo, as grandes guerras mundiais.

E, num momento onde a Filosofia fez do conhecimento sua razão e fim, construindo sistemas que ao tentarem atingir a essência das coisas perderam a proximidade e, por que não dizer o próprio contato com as existências, surge Kierkegaard. Homem angustiado, espírito rebelde, sensibilidade fina e hipertesiada, e gritando seu inconformismo, troca perspectivas e propõe novos valores: *a busca da essência não é senão um artifício dos homens que tratam de ruir com a realidade esquematizando-a.* O pensamento não possui validade se não se tem em conta quem o pensa; as generalizações são apenas modos de esconder os verdadeiros problemas que são sempre individuais e únicos. *Não me interessa a morte; é a minha morte que interessa*, afirma. O conhecimento não é, não pode ser, a meta do homem senão um meio de evolução; é a vida, a existência, a minha e tua que contam. O mundo não é objetividade, nem conjunto de essência; o mundo para mim e para você é uma existência frente à existência, existências que todo sistema e todo pensamento separam ao invés de unir, e escondem em lugar de descobrir. *A verdade não me interessa, se existe; minha angústia é minha verdade.* Para ele, os filósofos, os professores, são aqueles que, como Hegel, sabem tudo melhor que você, porém ignoram um único problema: você[6].

[6] *IBID, op. cit.*

Nietzsche também questiona de maneira perspicaz toda a tradição filósofica da busca da verdade, diz que *se supondo que a verdade seja feminina – e não é fundada a suspeita de que todos os filósofos, enquanto dogmáticos, entendem pouco de mulheres?*[7]

Nietzsche rompe com a tradição filosófica, quebrando a linha de pensamento tradicional que por séculos procurava a verdade das coisas, do universo e do mundo; o que o filósofo alemão faz é questionar a utilidade da Verdade; esta mesma Verdade que levou a reducionismos e generalizações. Mas, afinal o que são esses dois, o reducionismo e a generalização? O reducionismo é um procedimento pseudocientífico, segundo o qual um fenômeno humano (como por exemplo, o amor, ou a consciência) não passa de um epifenômeno. É, portanto destituído de sua *humanidade*. Mais especificamente, os fenômenos humanos são destituídos de sua natureza humana, ou geneticamente deduzidos de fenômenos essencialmente subumanos, ou seja, o reducionismo é um subumanismo. Contudo, as generalizações, quando aplicadas, são ainda mais nocivas; por exemplo, um biólogo que sustenta que a existência e a vida humana podem ser inteiramente explicadas na área da biologia, em termos meramente biológicos, estará fadado a transformar a biologia em biologismo. Assim, no momento exato que fazemos afirmações generalistas sobre o homem, o que fazemos é transformar a Filosofia ou a Ciência em uma mera ideologia, do mesmo modo, a Sociologia vira sociologismo e a Psicologia vira psicologismo.[8]

Desde Kierkegaard, um dos pontos predominantes dos pensadores existencialistas é a valorização da própria existência pessoal como ponto fundamental na análise dos pressupostos filosóficos que possam determinar contrapontos existenciais. Esse aspecto está presente na totalidade das obras existencialistas, e, por assim dizer, juntamente com a liberdade individual dos pensadores existencialistas de escreverem sem se aterem a regras formais, utilizando-se de formas e nuanças poéticas, é uma das características principais do Existencialismo.

Heidegger, por exemplo, diz que é tarefa do pensar e do poetizar promover uma abertura de um espaço essencial mais original, além de libertar a

[7] NIETZSCHE, F. W. *Para Além do Bem e do Mal – Prelúdio a uma Filosofia do Futuro*. São Paulo: Martin Claret, 2007.

[8] MILLON, T. *Teorias da psicopatologia e personalidade*. Rio de Janeiro: Interamericana, 1979.

linguagem dos grilhões da gramática[9]. Já Nietzsche, que por sua vez possuía uma linguagem inconfundível, escrevia de forma poética e aforismática, usando metáforas e analogias, dizia: *que de todo o escrito só o agradava aquilo que uma pessoa escreve com sangue, escrever com sangue é aprender que sangue é espirito, porém ele próprio alerta que não é fácil compreender sangue alheio* (a escrita profunda). Nietzsche, completa assumindo detestar todos os ociosos que leem.[10]

Sartre, como mera citação, além de filósofo, foi um grande dramaturgo e romancista com uma produção literária muito grande, e de excelente qualidade. Sartre, inclusive, foi indicado para receber o prêmio Nobel de Literatura no ano de 1964. No entanto, recusou-se a receber o prêmio, afirmando: *Se eu tivesse aceitado, os outros diriam: 'agora ele já é um dos nossos'. Eu jamais teria suportado algo assim.*

Assim, para alguns autores, o Existencialismo seria menos uma doutrina no sentido estrito do termo, do que um filosofar, uma maneira de o homem expor a si mesmo, reconhecendo-o automaticamente nesse ato. Basicamente, portanto, o Existencialismo seria a expressão de uma experiência singular, individual, um pensamento motivado por uma situação muito particular[11].

E, praticamente, no eco de Kierkegaard, surge Nietzsche que propaga afirmações que questionam a estrutura filosófica de então. O segredo da maior fecundidade e do gozo mais intenso da vida é viver perigosamente[12], ou ainda a expressão que tornou famosa e que foi acolhida em diversas ramificações do Existencialismo: *Deus está morto.*[13]

Contudo, se por outro lado, a diferença entre os existencialistas ateus e religiosos torna-se mínima, faz-se secundária a questão de suprimir sua similiaridade essencial, afirmando-se que os existencialistas religiosos estão próximos do ateísmo ou que os existencialistas ateus são essencialmente religiosos.

A contingência radical e a carência essencial de significação tanto do homem quanto do mundo irão levar o homem a uma angústia de ser, expressa nas reflexões dos pensadores existencialistas de acordo com

[9] HEIDEGGER, M. *Carta ao Humanismo*. Rio de Janeiro: Tempo Brasileiro, 1967.

[10] NIETZSCHE, F. W. *Assim Falou Zaratustra*. São Paulo: Martin Claret, 1999.

[11] *Introdução ao Existencialismo*, op. cit.

[12] NIETZSCHE, F. *Vontade de Potência*. Porto Alegre: Livraria Globo, 1945.

[13] *IBID. op. cit.*

a peculiaridade individual de cada um. Dizer que o ser do homem é radicalmente contingente e essencialmente sem sentido é dizer que o homem não sabe o que existe e não pode alar-se ao conhecimento do seu destino. Na linguagem de Heidegger, é como se o homem fosse *abandonado*, da *mesma forma como Cristo foi abandonado na cruz*[14].

A mesma ideia pode ser encontrada em diversos escritos existencialistas, mostrando uma maneira singular de reflexão da existência, a partir da própria existência.

Entretanto, é errônea a ideia vulgar de que os existencialistas escrevem apenas com o coração. Ao contrário, são essencialmente pensadores. E não há como negar esse fato, diante da forma como as obras existencialistas são construídas: extremamente complexas, em termos de reflexões filosóficas, audácia arquitetônica com o uso de artifícios poéticos, e extremamente dialéticas.

O pensamento existencialista é aquele que se rebela contra o quietismo e a resignação, propostos por certas correntes filosóficas.

Os gritos de Kierkegaard e Nietzsche pareciam ter se exaurido nas entrelinhas do tempo e do espaço; suas obras demoraram a ter a devida ressonância, ficando isoladas nessa dimensão.[15]

Somente depois da primeira grande guerra surge a obra do filósofo alemão Martin Heidegger, discípulo de Husserl, que seguindo os passos do mestre, cria o existencialismo alemão.

Posteriormente, por ocasião da segunda grande guerra, surgem as teorias de outro pensador fortemente influenciado por Husserl, Jean Paul Sartre, que dá novas vertentes ao pensamento existencialista, tornando-se ao lado de Heidegger um dos principais expoentes do movimento. Tanto pelo peso de suas obras, como pela vida exemplar – paradigma de participação e coragem, ponteada por tomadas de posições corajosas, frente a lutas pelas causas de dignidade humana – tornou-se um dos maiores destaques do século XX. E Sartre torna-se testemunho moral contra o ultraje da História nesse século.[16]

[14] *Introdução ao Existencialismo*, op. cit.

[15] Evidentemente que nos referimos a obras estritamente filosóficas, pois nesse espaço de tempo, gigantes da literatura como Dostoiévski, Tolstói e outros estavam produzindo os romances que dariam formas e contornos a outras manifestações existencialistas.

[16] DANTO, C. A. *As Ideias de Sartre*. São Paulo: Ed. Cultrix, 1978.

Outras vozes existencialistas se fazem ouvir, ganhando uma dimensão apaixonante e irreverente. A discussão de seus pressupostos transcende a área da Filosofia e torna-se igualmente eloquente em outros campos.

Deus está morto, mais do que contraponto a posições religiosas ou místicas, põe às claras a situação do homem abandonado a si mesmo e escravo da própria subjetividade, mergulhado nessa consequência extrema da Metafísica, que é o subjetivismo. As almas são desertas porque não passam por eles, senão elas mesmas. Instalado nesse deserto, nesse vazio, o nada do ser do homem descortina todo um mundo lancinante e agônico. A grandeza da alma está aí: ela vislumbra uma totalidade de sentido, mas uma totalidade que morreu; tudo consegue ver, e tudo morreu. O homem de nosso tempo é esse homem que habita o intervalo de duas grandezas: um passado que se vai irrepetível, e um futuro que permanece uma incógnita.[17]

Em seguida, descreveremos alguns dos principais conceitos existencialistas para, na sequência, adentrarmos no campo específico da Psicoterapia.

[17] BORNHEIM, A. G. *Sartre*. São Paulo: Ed. Perspectiva, 1984.

PARÊMIAS DE INVERNO

Valdemar Augusto Angerami

Sexta lua do ano
No céu, logo depois do pôr do sol,
surge a Arturus
uma das mais brilhantes e
lindas estrelas que se pode sonhar.
Mais noitinha ainda
surge a Constelação do Escorpião e a Antaris
radiante e afirmando ser a própria essência da vida.
E estamos novamente no Inverno.

Deixe a tua dor um pouquinho de lado
esquece dos problemas do cotidiano.
Largue tua mágoa, teu desalento.
Põe um sorriso na alegria,
e viva o Inverno com sua florada exuberante.

Veja o vermelho da suinã,
o amarelo do girassol,
o vermelho e amarelo do bico-de-papagaio,
as cores vivas da azaleia,
o esplendor do Ipê-Roxo
e tantas outras flores e cores
desse nosso momento de vida.

Inverno com suas noites frias e estreladas.
Inverno do luamento mais brilhante,
mais intenso e harmonioso
com o pulsar do coração.

Inverno das fogueiras juninas
aquecendo o coração, o corpo e a alma.
Inverno das manhãs azuis,
do sol radiante e das tardes frias.

Inverno da vida
que passa lá de fora
pra dentro do coração
acalentando a esperança e a ilusão.

Inverno das noites aquecidas
pelo orvalhar e pelo
olor dos craveiros.
E pelo brilho de um doce
e meigo olhar.

TEMAS EXISTENCIAIS: CONCEITOS FUNDAMENTAIS

A verdade não deve ser buscada senão na paixão.

(KIERKEGAARD)

EXISTÊNCIA

Porque, sendo possível o prazo da existência levar como o loureiro, de um verde mais sombrio que todos os outros verdes, com leves ondulações no contorno das folhas (como um sorriso do vento) – porque então, escravos do humano, anelar pelo destino fugindo ao destino?
(Rainer Maria Rilke)

Um dos principais temas existencialistas é a convergência da discussão filosófica sobre a existência. Ao contrário de outros posicionamentos, onde a essência era discutida em detrimento da outra. Para os existencialistas a discussão da existência é a verdadeira temática da Filosofia.

Entretanto, não houve preocupação por parte dos pensamentos existencialistas, numa definição formal do termo existência, que pudesse diferenciá-lo de outras correntes filosóficas. Etimologicamente, o termo existência significa *estar fora de* e, numa tentativa de manter-se o sentido etimológico da palavra, os existencialistas, a separaram com um hífen, usando *exis-tência* ao invés de *existência.*

Os valores existencialistas é que irão determinar uma nova forma de vida e a inegável negação de outras formas conceituais da existência.

As correntes existencialistas criticam tanto o modo de vida do homem comum, quanto às orientações filosóficas tradicionais.

Tanto Heidegger quanto Sartre se colocam sobre a disparidade radical entre o humano e o não humano, que ambos os autores exprimem, reservando o termo existência para o homem apenas[18]. Heidegger escreve: *O ser que existe é o homem. Só o homem existe. As pedras são, mas não existem. As árvores são, mas não existem. Os cavalos são, mas não existem. Os anjos são, mas não existem. Deus é, mas não existe.*

Merleau-Ponty, por sua vez, vai dizer que *existir como ser humano significa algo muito mais complicado que exercer funções biológicas como respirar,*

[18] *Introdução ao Existencialismo*, op. cit.

alimentar, perceber e se mover[19]. Segundo ele, *o corpo vivo não é uma máquina funcional que provoca uma reação adequada a um estímulo ambiental, o corpo humano e suas percepções são a maneira como nos relacionamos e compreendemos a existência*[20].

Tanto para Heidegger como para Sartre, é o fato da consciência que distingue radicalmente o homem de outros seres. A natureza essencial do homem é a razão pela qual o homem pode representar os seres como tais e pela qual pode estar consciente deles.[21]

Heidegger enumera o que denomina de categorias básicas da existência humana: sentimento ou afetividade, entendimento e linguagem. Sartre não adotou essa definição de Heidegger, mas naturalmente a aprova na rejeição das categorias tradicionais, enquanto consideradas aplicáveis aos seres humanos.[22]

Para o homem comum e para a filosofia tradicional, o ideal supremo de vida é atingir uma vida de tranquilidade sem sofrimentos, onde a felicidade plena esteja presente.

O existencialista contrapõe essa posição, trazendo à tona das discussões o fato de não ser possível esse tipo de idealização, na medida em que determinadas agruras existenciais – angústia, solidão, tédio, etc. – fazem parte de modo inerente e indissolúvel da existência humana. Dessa maneira, não é possível pensar em realizações humanas e, ao mesmo tempo, excluir os sofrimentos a ela inerentes. Essa noção de sofrimento humano, que de forma direta converge para aqueles advindos dos sistemas sócio-políticos, dá à corrente existencialista uma denominação vulgar e errônea de *filosofia da tragédia*.

A condição humana, e isso é inegável, determina as agruras e infelicidades. O homem não poderia tornar-se feliz sem deixar de ser homem. Ou ainda nas palavras de Freud: *É impossível fugir à impressão de que as pessoas comumente empregam falsos padrões de avaliação – isto é, de que buscam poder, sucesso e riqueza para elas mesmas e os admiram nos outros, subestimando tudo aquilo que verdadeiramente tem valor na vida"*[23].

[19] MERLEAU-PONTY, M. *Fenomenologia da Percepção*. São Paulo. Editora Martins Fontes, 1999.

[20] *Ibidem, op. cit.*

[21] *Introdução ao Existencialismo, op. cit.*

[22] *Ibidem, op. cit.*

[23] FREUD, S. *O Mal-Estar na Civilização*. Rio de Janeiro: Imago Editora, 1988.

Por outro lado, também não é verdadeira a acusação de que os existencialistas exploram o lado trágico da existência. Eles apenas trouxeram à reflexão formas conhecidas da existência; fato esse que não poderia ser realizado, excluindo da discussão temas que legam ao homem sofrimento e desespero.

A partir do pensamento existencialista, temáticas que embora sempre fossem parte da existência, como morte, solidão e outras, se tornaram passíveis de reflexão e aprofundamento, diante das discussões que visam uma melhor compreensão da realidade humana.

Também, é no pensamento existencialista que a angústia sofreu nova dimensão nos pontos referentes à sua compreensão e passou a ser vista como inerente à condição humana e não uma forma de patologia. A função dos valores existencialistas é libertar o homem dessas formas degeneradas e doentias de angústia.[24]

É de Sartre uma das citações que melhor define a necessidade de uma redimensão da existência que *o homem está condenado a ser. Condenado, porque não se criou a si próprio; e, no entanto livre, porque uma vez lançado ao mundo é responsável por tudo quanto fizer*[25]. E este passa a ser um dos principais valores existencialistas, a liberdade para assumir a totalidade dos próprios atos.

LIBERDADE

Assim a flecha ultrapassa a corda, para ser no vôo mais do que ela mesma. Pois em parte alguma se detém.
(Rainer Maria Rilke)

A palavra liberdade é usada no linguajar popular, para definir situações onde as pessoas decidem determinados objetivos, e, ao con-

[24] SARTRE, J.P. e Ferreira. V. *O Existencialismo é um Humanismo*. Lisboa: Editora Presença, 1970.

[25] *Ibidem, op. cit.*

trário, não é livre, quando não tem condições para tal. Se uma pessoa, por exemplo, decide mudar de residência, ela será livre para alcançar esse objetivo, de acordo com suas condições pessoais, que incluem desde realidade econômica até questões mais subjetivas. Entretanto, se condições adversas prejudicarem essa mudança, então, essa pessoa não será considerada livre, para realizar seu projeto inicial.

Por outro lado, em termos políticos, o sentido de liberdade também possui conotação própria. Dizemos possuir liberdade quando temos condição de expressar nossa vontade e opinião através do voto, seja ainda através da manifestação de ideias contrárias à ordem estabelecida. E, de uma forma mais extremada, quando podemos manifestar um pensamento contrário ao poder sem ser, confinada à prisão ou ainda golpeado pelas polícias políticas.

O homem é liberdade em seu próprio ser. Podemos afirmar que a liberdade e a consciência se circunscrevem, reciprocamente. A existência precede e comanda a essência, e todo empenho em demarcar a liberdade torna-se contraditório, pois a liberdade se explica como fundamento de todas as essências. Não se trata de uma propriedade ou de uma tendência acrescida à minha natureza; trata-se do estofo mesmo de meu ser, e, analogamente à consciência, deve-se ver nela uma simples necessidade de fato, uma contingência radical. Por ser o homem livre, escapa ao seu próprio ser, faz-se sempre outra coisa do que aquilo que se pode dele dizer[26].

Sartre é enfático: *Estou condenado a existir para sempre, além de minha essência, além de móveis e dos motivos de meu ato: estou condenado a ser livre.* A única necessidade que a liberdade conhece está aqui: o homem não é livre para deixar de ser livre. Sartre, dentre os existencialistas, foi o único a elaborar uma teoria sistemática e minunciosa da liberdade, apesar da importância que todos atribuem à liberdade humana. Assim, as principais reflexões existencialistas sobre liberdade ou são do próprio Sartre ou, então, originárias de seus escritos.

De uma forma geral, sem entrar na questão da condição humana de escolha e liberdade, através de termos como liberdade de *autorealização, liberdade de indeterminação* ou ainda *liberdade da vontade*, alguns filósofos

[26] SARTRE, J. P. *El Ser y La Nada*. Buenos Aires: Edit. Losada, 1981.

tradicionais definiram a capacidade de se realizar objetivos previamente propostos.

E, num contraponto dos mais ricos em nuanças e exuberância, o pensamento existencialista determina uma nova reflexão sistemática sobre a liberdade[27].

O homem é um ser que, livre, decide a própria vida. O homem arca com a responsabilidade de sua escolha. E escolher sua própria vertente significa lutar pela própria dignidade. O homem é absolutamente livre ou não é. A alternativa é radical: ou determinismo absoluto ou liberdade absoluta[28]. Merleau-Ponty também renuncia a ideia de causalidade ou a ideia de motivação, para ele a é inconcebível que a liberdade de uma pessoa possa ser atenuada; não se poderia ser um pouco livre, e, como se diz frequentemente, ou a liberdade é inteira e plena ou não há liberdade, não posso ser livre em algumas ações e determinado em outras[29].

O homem é livre por necessidade ontológica, e qualquer tentativa de fugir dessa condição é, por assim dizer, uma forma de quietismo. Sartre apresenta a tese da liberdade como um valor absoluto, supra-histórico: *ele não atenta ao fato de que, se a liberdade é fazer, tal fazer é necessariamente histórico, não só porque supõe a historicidade como rasgo essencial do homem como também porque a determinação histórico-metafísica do que seja o homem determina inclusive a essência da liberdade*[30].

Para os existencialistas a questão da liberdade assume extrema importância. Qualquer relação de causalidade que possa determinar a essência de um indivividuo ou mesmo seu comportamento, não tira sua liberdade ou sua escolha. Para Merleau-Ponty[31], as definições que fazemos de nós mesmos são posturas que assumimos em relação ao Outro, quando digo que sou brasileiro, sou feio ou sou inteligente; fatos que normalmente, atribuímos à natureza ou mesmo à história. Cabe a cada individuo assumir ou não em relação aos outros. Por exemplo, se

[27] *Ibidem, op. cit.*

[28] *Ibidem, op. cit.*

[29] *Fenomenologia da Percepção, op. cit.*

[30] *El Ser y La Nada, op. cit.*

[31] *Fenomenologia da Percepção, op. cit.*

sou deficiente físico, fato que normalmente atribuímos à natureza, só adquire significado em comparação a outro individuo ou a um padrão, *nunca sou deficiente físico inteiramente para mim mesmo, mas sou em relação ao outro, porém permaneço livre para pôr outros como uma consciência cujas visões me alcançam até em meu ser, ou ao contrário como um simples objeto*[32].

A questão da liberdade, dentre as diversas apresentadas pelos existencialistas, é a que se apresenta como uma das mais axiomáticas. Uma pessoa exposta a uma situação onde seja necessária a determinação de uma dada opção, a liberdade será o determinante da condição humana.

Sartre, escrevendo sobre a vida na França durante os anos de Guerra, ilustra esse aspecto de forma bastante clara:

Nunca fomos mais livres do que sob a ocupação alemã. Perdemos todos os nossos direitos, a começar pelo de falar; cada dia éramos deportados em massa, como trabalhadores, como judeus, como prisioneiros políticos; e por isso tudo éramos livres. Porque o veneno nazista se infiltrava até em nosso pensamento, cada pensamento correto era uma conquista; a cada momento vivíamos o sentido desta pequena frase banal: 'todos os homens são mortais'. E a escolha que cada um fazia de si próprio era autêntica, porque se fazia em presença da morte, porque podia ter sido expressa sob a forma: 'antes a morte que...'; todos os que dentre nós conheciam alguns fatos concernentes à Resistência, se perguntavam com angústia: 'Se me torturarem, aguentarei firme? Assim, a questão básica da liberdade se colocava, e tínhamos sido levados ao limiar daquele conhecimento mais profundo que o homem pode ter de si mesmo. Pois o segredo de um homem não é seu complexo de Édipo ou de inferioridade, é o limite efetivo de sua liberdade, é seu poder de resistência ao suplício e à morte[33].

A liberdade não é uma qualidade que se acrescente às qualidades que já possuía como homem: a liberdade é o que precisamente me estrutura como homem, porque é uma designação específica da própria qualidade de ser consciente, de poder negar, de transcender. A liberdade é o que define a minha possibilidade de me recusar como coisa, projetando-me para além disso, ou, se quiser, para além de mim.

E, se a concepção existencialista de liberdade traz à tona o questionamento da totalidade da dimensão humana, é através dessa visão que se

[32] *Ibidem, op. cit.*

[33] SARTRE, J. P. Situations III. Paris: Edit. Gallimard, 1949.

determina uma nova transparência dos fatos da vida. Se Sartre ilustrou seu conceito de liberdade, usando como referência a ocupação nazista na França, Marighella – personagem expressiva da verdadeira história do Brasil – na prisão, e após sessões bárbaras e desumanas de torturas, assim se expressou sobre a liberdade:

Liberdade

Não ficarei tão só no campo da arte,
e, ânimo firme, sobranceiro e forte,
tudo farei por ti para exaltar-te,
serenamente, alheio à própria sorte.
Para que eu possa um dia contemplar-te
dominadora, em férvido transporte,
direis que és bela e pura em toda parte,
por maior risco em que essa audácia importe.
Queira-te eu tanto, de tal modo e suma,
que não exista força humana alguma
que esta paixão embriagadora dome.
E que eu por ti, se torturado for,
possa feliz, indiferente à dor,
morrer sorrindo a murmurar teu nome[34].

Embora Marighella não seja um pensador existencialista, seu grito de clamor pela liberdade se harmoniza com a conceituação de Sartre. Tal fato mostra claramente que liberdade não é mera concessão das instituições políticas, frente à serviciências ideológicas, nem tampouco a condição de se posicionar frente a determinados fatos; a liberdade é a condição excelsa do homem e que o conduz em busca de verdadeira condição humana. Ela que determina que as atitudes sejam assumidas plenamente, e inclusive, a parcela de responsabilidade na transformação

[34] *Liberdade,* C. Marighella, in Beto, F. Batismo de Sangue, Rio de Janeiro: Editora Civilização Brasileira, 1982.

ou manutenção da sociedade injusta e despótica, que escraviza milhares de seres humanos.

Assim, ao se assumir a liberdade como um dos valores fundamentais da existência, estamos assumindo a nossa própria ação, dando ao verbo que a determina a condição de transitivo direto, numa frase onde o sujeito e ação tenham a mesma congruência.

SOLIDÃO

Solidão é saber do amor;
da paixão, de momentos de prazer;
é saber que a vida tem momentos felizes.
Felizes e suaves deleites da vida.
E apesar de tudo saber da tua ausência.
(Valdemar Augusto Angerami)

A solidão, assim como a angústia, foi outro tema que a partir dos existencialistas ganhou nova dimensão. A solidão passou a ser vista como sendo inerente à existência humana e não um fenômeno isolado, que acomete determinadas pessoas[35].

A ideia que a maioria das pessoas faz da solidão é de um sentimento doído, que nos acomete em determinados momentos. Aquela sensação de mal-estar, que nos invade na sexta-feira à noite ou no domingo, à tarde, sozinhos em casa, sem programa. Ou o estado em que um amigo se encontra, por estar passando por um período difícil, depois de uma separação[36].

Na verdade, a solidão, uma condição imanente ao homem, faz parte da vida. Só que, em determinados momentos, a percebemos mais agudamente, e não sabemos como lidar com ela.

[35] Angerami, V. A., *Solidão. A Ausência do Outro*. Belo Horizonte: Artesã, 2017.

[36] *Ibidem, op. cit.*

A solidão parece estar longe, quando mantemos um relacionamento muito estreito, muito íntimo com uma pessoa que amamos, com a qual temos bastante afinidade e pontos de contato. Ou numa relação sexual em que os dois sentem uma possível união total. Mas, cedo ou tarde chega a hora de encarar a conclusão inevitável: cada um é um. Muitas vezes me percebo como parte de um todo – de uma família, de um grupo de amigos, de uma comunidade.

Mas chegará o ponto em que tomarei consciência de que, para minhas realizações pessoais, dependo de minhas possibilidades. Em suma, por mais que se viva junto das pessoas que se ama, por mais que se interaja socialmente não será possível evitar, lá no fundo, a certeza de ser só.

No entanto, é necessário diferenciar o que é *solidão* e o que é *abandono*. Para Nietzsche *Uma coisa é o abandono, e outra a solidão*[37]. O filósofo, que passou a maior parte da vida afastado dos familiares e com pouquíssimos amigos, torna-se um grande defensor da solidão. Ele diz, através de *Zaratustra,* personagem da sua principal obra: *eis o que aprendeste agora! Que entre os homens serás sempre selvagem e estranho mesmo que te amem; (...) mas, na solidão, estás na sua pátria e na tua casa; podes dizer tudo e espraiar-te completamente: aqui ninguém se envergonha de sentimentos ocultos e tenazes*[38].

Entender o que é um ser, ajuda a compreender a solidão. Ao contrário de um objeto inanimado, o homem tem consciência de ser. Essa consciência é que vai levá-lo à conclusão *sou uma pessoa que tem que resolver suas próprias coisas*[39]. Ou seja, em última instância, *é de mim que dependo, para minhas opções*[40].

A solidão, na maioria das vezes, é diretamente associada com desespero, sofrimento e com o suicídio. É como se a grande maioria das pessoas não aguentasse a condição de ser só. E tudo então é desesperador. As provas são os bares noturnos das grandes cidades cada vez mais repletos de pessoas solitárias, que buscam o Outro, e as inúmeras chamadas telefônicas recebidas pelos serviços existentes como o CVV – Centro de Valorização da Vida.

[37] *Assim Falou Zaratustra, op. cit.*

[38] *Ibidem, op. cit.*

[39] *Solidão. A Ausência do Outro, op. cit.*

[40] *Ibidem, op. cit.*

Um dia, acordo sentindo-me sozinho, necessitado de alguém. O que tiro disso? A consciência de que preciso do Outro.

O Outro também é procurado seja através de uma carta, uma lembrança de alguém... Quem é que não sentiu essa espécie de vazio, alguma vez sozinho em casa? A televisão não distrai; a música, em vez de consolar, lembrará situações em que havia a presença do Outro, na figura de pessoas queridas.

Nessas situações, tudo é difícil, até mesmo concentrar-se num livro. Mas basta ligar para alguém e uns minutos de prosa já mudam esse panorama sombrio. A voz do Outro é que faz sentir alguém com significação própria.

Entrar em contato com a solidão não é algo fácil. Mas, ao compreendê-la, ao constatar que cada um é único, com sua própria história, seu próprio percurso, sua própria biografia, sua maneira própria de buscar sentido para sua vida, também se percebe que está aí a grandeza e a beleza da condição humana.

Há momentos em que as perspectivas da condição humana se perdem e o sofrimento vence. São períodos críticos de perdas reais ou aparentes. E nem sempre são felizes ou bem-sucedidas as tentativas de aliviar a solidão a qualquer custo.

Hoje, muitas pessoas dispostas a procurar companhia encontram alguém num bar, saem, conversam e até mesmo se relacionam sexualmente.

Isso tudo inevitavelmente levará esta pessoa a um estado que pode ser perfeitamente definido como ressaca moral, pois se essa pessoa tiver alguma lucidez perceberá que, para suprir uma carência, procurou alguém que nada tinha a ver com sua realidade existencial[41].

Nietzsche recomenda que é preciso aprender a amar-se a si proprio com amor são, o fim de aprender a suportar-se a si mesmo e a não rondar fora de si. *Para viver sozinho, é preciso ser um animal ou um deus – diz Aristóteles. Falta ainda a terceira alternativa: é preciso ser os dois ao mesmo tempo – Filósofo...*[42].

O homem vive a solidão de maneira indissolúvel. Nasce e vive só, deixando o espectro da solidão apenas e tão somente quando morre, e o

[41] *Ibidem, op. cit.*

[42] *Assim Falou Zaratrustra, op. cit.*

que é mais agravante, não tem conhecimento do desespero que a solidão provoca em seu semelhante, legando a si isoladamente essa problemática como se fosse algo pessoal e individual[43].

Ao se pensar na solidão como fazendo parte da existência humana estamos assumindo a nossa condição de seres únicos e, portanto, responsáveis pela dimensão dada a essa existência.

O confronto com a própria solidão, ao contrário do que pode parecer, leva o homem à busca de alternativas existenciais, muitas vezes contrárias a formas desesperadoras e fechadas.

ESSÊNCIA

E de repente, neste árduo Nada, o ponto inexprimível,
onde a insuficiência pura incompreensivelmente se transforma –
e salta àquela vazia plenitude onde o cálculo
de muitos algarismos se resolve sem números.
(RAINER MARIA RILKE)

Uma das cantinelas mais polêmicas, que envolvem a existência, é o enredamento da Ideia de Descartes: *Penso, logo existo*. Esse enredamento, determinista, possui um nexo causal que lega aos homens a condição de existirem apenas e tão somente, a partir do pensamento ou da consciência dos fatos. O pensamento, presunçosamente, irá determinar a existência aos seres. Essa ideia, que predominou na Filosofia por muito tempo e ainda predomina em alguns segmentos do pensamento, tornou-se infundada, diante de contraposições feitas aos seus princípios pelos pensadores existencialistas.

Uma árvore existe independentemente do pensamento, e, por mais que possam surgir polêmicas que debatam esse fato, colocando que ela só existe na consciência quando a consciência consegue apreendê-la,

[43] *Solidão, A Ausência do Outro, op, cit.*

isoladamente, essa árvore em nada depende dessa consciência, para ganhar forma e existência. Sua existência é única e independe do pensamento e das formas e contornos que a consciência possa determinar-lhe.

A existência humana, por outro lado, pode, então, ter como premissa outra ideia: *Existo, logo penso.* A existência, assim, irá determinar o pensamento e até mesmo direcioná-lo, segundo as próprias vertentes pelas quais possa enveredar. A existência em suas múltiplas possibilidades lega a todos os fenômenos a ela inerentes uma condição de serem considerados reais apenas a partir de si e não do pensamento isoladamente.

Nesse sentido, a questão que envolve a temática da essência humana deve ser colocada da seguinte forma: A existência precede à essência. Essência, etimologicamente, é assim definida: Natureza íntima das coisas; aquilo que faz que uma coisa seja o que é, ou lhe dá a aparência dominante; aquilo que constitui a natureza de um objeto.

Em, *Penso logo existo,* princípio fundamental de toda lógica racionalista, é necessário ressaltar que a palavra *pensar,* empregada na frase, é sinônimo de *tomar consciência.* Dessa forma, a proposição de Descartes é absolutamente válida, pois se tomo consciência, me conheço, se penso é porque existo; se estou cá pensanso nesse momento, estou existindo. No entanto, Sartre faz uma inversão dessa proposição, podendo ser aplicada exclusivamente ao homem, dizendo que *a existência precede a essência*[44]. Pois, para pensar é necessário antes existir, ou melhor, só existindo o homem tem possibilidade de ser, já que primeiro ele existe, é lançado ao mundo para somente depois, então, tomar consciência de qualquer coisa, inclusive de si. Um ser pensante torna-se uma possibilidade de essência da qual o individuo pode vir a ser.

Sartre estabelece uma distinção entre a essência humana e a natureza de objetos: *consideremos um objeto fabricado, como por exemplo, um livro ou um corta-papel: tal objeto foi fabricado por um artífice que se inspirou em um conceito; ele reportou-se ao conceito do corta-papel, e igualmente a uma técnica prévia de produção, que faz parte do conceito, e que é, no fundo, uma receita. Assim, o corta-papel é ao mesmo tempo um objeto que se produz de certa forma e maneira e que, por outro lado, tem uma utilidade definida, e não é possível*

[44] *O Existencialismo é Um Humanismo, op. cit.*

imaginar um homem que produzisse um corta-papel sem saber para que há de servir tal objeto. Diremos, pois, que, para o corta-papel, a essência – quer dizer, o conjunto de receitas e características que permitem produzi-lo e defini-lo – precede a existência: e assim a presença frente a mim, de tal corta-papel ou de tal livro, está bem determinada. Temos, pois, uma visão técnica do mundo, na qual se pode dizer que a produção precede à existência[45].

A comparação com a fabricação de tais objetos para equiparar-se à condição humana prescindiria de um ente criador de nome Deus que assim fabricaria entes chamados homens: *quando concebemos um Deus criador, esse Deus o identificamos quase sempre com um artífice superior; e qualquer que seja a doutrina que consideremos, trata-se duma doutrina como a de Descartes ou a de Leibniz; admitimos sempre que a vontade segue mais ou menos a inteligência ou pelo menos a acompanha, e que Deus, quando cria, sabe perfeitamente o que cria. Assim, o conceito do homem, no espírito de Deus, é assimilável ao conceito de um corta-papel no espírito do industrial; e Deus produz o homem segundo técnicas e uma concepção, exatamente como o artífice fabrica o corta-papel, segundo uma definição e uma técnica. Assim, o homem individual realiza certo conceito que está na inteligência divina*[46].

Na sequência, Sartre traz à tona o posicionamento das filosofias do século XVIII que, apesar de mostrarem-se contrárias aos pontos tecidos pelos filósofos antepassados, têm entre si similaridade e congruência. *No século XVII, para o ateísmo dos filósofos, suprime-se a noção de Deus, mas não a ideia de que a essência precede à existência. Tal ideia encontramo-la em Diderot, em Voltaire e até mesmo em Kant. O homem possui uma natureza humana; esta natureza, que é o conceito humano, encontra-se em todos os homens, o que significa que cada homem é um exemplo particular de um conceito universal – o homem; para Kant resulta de tal universalidade que o homem da selva, o homem primitivo, como o burguês, estão adestritos à mesma definição e possuem as mesmas qualidades de base. Assim, pois, ainda aí, a essência do homem precede essa existência histórica que encontramos na natureza*[47].

E Sartre torna-se enfático mostrando como o pensamento existencialista lega ao homem a condição de ser pleno e único: *há pelo menos um*

[45] *Ibidem, op. cit.*

[46] *Ibidem, op. cit.*

[47] *Ibidem, op. cit.*

ser no qual a existência precede à essência, um ser que existe antes de poder ser definido por qualquer conceito, e que este ser é o homem, ou, como diz Heidegger, a realidade humana[48].

Diante dessas colocações surge outra questão: *que significa aqui o dizer-se que a existência precede à essência? Significa que o homem primeiramente existe, se descobre, surge o mundo, e que só depois se define. O homem tal como o concebe o existencialista, se não é definível, é porque primeiramente não é nada*[49]. Essa concepção existencialista de homem antagoniza-se de forma radical com os conceitos determinalistas de compreensão do homem.

E se existem tantas resistências na aceitação desse preceito existencialista, tal deve-se ao fato do determinismo legado ao homem pelas ciências contemporâneas. Esse determinismo, que encontra eco nas mais diversas correntes do pensamento atual, coisifica o homem, determinando-lhe os próprios sentimentos em conceituações insólitas.

Ao se comparar, por outro lado, a essência humana com a essência de outros seres, fica notória a condição de ser existente que se transforma e se projeta na própria dimensão de seu ser. Uma árvore, por exemplo, se desenvolve a partir da essência de sua semente; seu desenvolvimento e crescimento serão determinados a partir das condições climáticas. A sua essência, no entanto, é inalterável: não se consegue, como mera citação, a partir de sementes de laranja um abacateiro. E por mais que possam existir adubos e implementos agrícolas que propiciem condições de desenvolvimento em situações climáticas desfavoráveis, ainda assim a essência de uma dada semente é inalterável.

A visão de Heidegger de que só o homem existe é justificada no argumento sartriano de que o homem não foi pensado ou criado *à priori*, assim só o homem existe. Mas esse pensamento leva-nos a perguntar sobre os animais, pois, na ausência de um Deus criador um animal também não foi criado; eles também estão lançados ao mundo, logo, não há um propósito para um elefante ou uma cobra. A partir daí, a pergunta que se faz é: dada a semelhança entre o homem e um animal (excluindo o fato de o homem ser um animal), será que somente o homem existe? Será que o animal também não

[48] *Ibidem, op. cit.*

[49] *Ibidem, op. cit.*

existe segundo a concepção sartriana e heideggeriana? A resposta a esta questão pode ser pensada a partir de que no caso de um animal, apesar de sua existência não ter um propósito, a diferença fundamental é que os animais também não buscam um propósito, um animal apenas sobrevive, reage a impulsos, come, dorme, acasala, ou seja, é *puramente essência*, pois não pode ser outra coisa. Diferentemente do homem, um castor não pode deixar de represar o rio, um tatu não pode deixar de fazer buracos e começar a fazer ninhos, um tigre não pode decidir ser vegetariano. A essência humana, ao contrário, tem condições de desenvolver-se e transformar-se segundo projetos de vida previamente estabelecidos pelo próprio homem.

A essência, ao ser determinada pela existência, torna-se a própria dimensão da vida em sua forma mais exuberante, a despeito da ideia de Descartes ainda pontear a quase totalidade da tecnocracia e do determinismo da própria Ciência em seu nexo causal.

A essência humana, dessa forma, jamais é estática ou uma mera repetição de fenômenos a partir de fatos ocorridos no passado. Essa condição assegura ao homem a peculiaridade de poder transformar-se e, se necessário, recomeçar e reconstruir a cada instante uma vida quedada diante do sofrimento e das agruras da existência.

Se a essência humana recebe, nos últimos tempos, diversos questionamentos filosóficos, seu valor enquanto fato absoluto, torna-se insólito diante da proposta existencialista. E desde as correntes filosóficas, cujas vertentes apontam em direção ao místico, até aquelas embasadas em óticas eminentemente materialistas, a questão da essência humana traz em si a condição excelsa da existência em sua capacidade de transcedência. Existem divergências na forma da análise das correntes místicas, em relação às materialistas no tangente ao significado da essência em sua condição mutante, sendo, porém, uma das mais expressivas convergências diante das divergências do pensamento contemporâneo, o encontro dessas vertentes.

E, as correntes existencialistas, determinantes do pensamento e análise da existência, em todas as suas formas e contornos, são pelo próprio confronto de seus postulados, separadamente ou até mesmo entre si, sistemas de nuances envolventes de expressão e ideias que, embora divergentes na transparência, convergem no fato de sedimentar facetas indeléveis do mesmo fenômeno, a existência.

O SER-NO-MUNDO

Não posso escrever versos. Não sou poeta.
Não posso distribuir as frases artisticamente
para que produzam luzes e sombras; não sou pintor.
Tão pouco posso expressar meus sentimentos e idéias
por meio de gestos e pantomimas: não sou bailarino.
Mas posso fazê-lo por meio de sons: sou músico.
(Wolfgang Amadeus Mozart)

O homem existe não apenas em sua relação corpórea ou apenas pelo lugar que ocupa no espaço. O homem existe em relação a sua condição de ser-no-mundo. E o fato de estar-no-mundo constitui um fato por si só, determinante de muito sofrimento e desespero. O mundo com suas condições e normas – morais, éticas, políticas, religiosas – cerceia a quase totalidade do desdobramento das possibilidades existenciais. Assim, será muito difícil uma existência plena e digna num mundo tão despótico e caótico. Ou, então, seria possível negar o aniquilamento existencial provocado pelas condições adversas e advindas do emaranhado social em que vivemos? Ou, como negar o sofrimento e até mesmo o desespero diante das injustiças legadas ao homem pelos sistemas políticos, criados segundo a conveniência e o privilégio de minorias?

O ser no mundo implica numa luta constante do homem consigo para não perder sua dignidade existencial e suas características individuais. Na medida em que os valores são determinados pelo enfeixamento de normas sociais, os conflitos serão diversos e irá exigir um discernimento bastante lúcido no sentido de uma reflexão constante para não se tornar presa de um sistema social em que a dignidade humana sequer é questionada.

O homem é o ser que é, ao contrário de outros seres e objetos que apenas existem. O ser é. O ser é em si. O ser é o que é[50]. O homem, no entanto, é um ser para si.

[50] *El Ser y La Nada, op. cit.*

E a questão do ser-no-mundo converge diretamente para a angústia do aqui e do agora. Essa questão dentre os existencialistas é Gabriel Marcel quem mais ressalta, ou seja, essa forma de angústia. *Porque*, pergunta ele, *num espanto extremo, existo como um autor num ponto particular do espaço e do tempo, num mundo moderno, escrevendo um livro de Filosofia? Porque não seria um leproso num ponto de espaço e do tempo, num mundo medieval, tocando a sineta para prevenir o burgo, encerrado em suas muralhas, de minha aproximação*[51]*?*

Ou, ainda nas palavras de Pascal: *Quando considero a pequena duração da minha vida, absorvida na eternidade precedente e subsequente, o pequeno espaço que ocupo, e me vejo, mesmo, perdido na infinita imensidão dos espaços que ignoro e que me ignoram, sinto-me aterrorizado e admirado de me ver aqui e não lá, pois não há nenhuma razão porque aqui e não lá, porque agora e não então*[52].

O ser-no-mundo traz também a questão de que o homem é o único ser que constrói seu ambiente de vida (talvez destrua se levarmos em conta os desastres ecológicos provocados pelas mãos humanas no se afã de (des) construir novas situações ambientais).

Os animais, por outro lado, habitam num determinado ambiente sem condições de transformá-lo ou até mesmo de se adaptarem noutro ambiente. E se a existência traz em si aspectos tão desesperadores como a solidão, é a questão do ser-no-mundo que direciona de encontro à consciência do outro; forma-se nessa análise a própria relação da percepção de si, do outro e consequentemente do mundo.

Outro fato que corrobora com a visão existencialista que distingue o homem de outros seres, é o fato do homem ser o animal mais inapto ao nascimento. Observamos que os animais já nascem com um aparato à sua sobrevivência e tal aparato varia em grau de aptidões em diferentes espécies; alguns animais já nascem quase que absolutamente *prontos* a enfrentar o mundo, como por exemplo, o jacaré e a tartaruga, enquanto que, outras espécies como a maioria dos mamíferos necessitam ainda do suporte de seus pais ou do grupo, do cardume, da matilha, etc. No entanto, o homem é o extremo oposto nesta escala de aparatos adaptativos; nasce desprovido de recursos biológicos que garantam sua sobrevivência, esta só pode ser mantida com a ajuda e o suporte do outro; o que falta à criança é suprido

[51] *Introdução ao Existencialismo, op. cit.*

[52] *Ibidem, op. cit.*

pela mãe; e tão somente depois de muito tempo é que uma criança torna-se capaz que manter sua subsistência. O fato de estar lançado ao mundo e não depender a apenas de si próprio torna sua essência absurdamente adaptativa e mutável; ao homem é necessário se relacionar e aprender.

Heidegger aprofunda essa questão direcionando a reflexão para aspectos que envolvem o ente e o Ser: *Todo o ente é no Ser. Ouvir tal coisa soa de modo trivial em nosso ouvido, quando não de modo ofensivo. Pois, pelo fato de o ente ter seu lugar no Ser, ninguém precisa preocupar-se. Todo mundo sabe: ente é aquilo que é. Qual a outra solução para o ente a não ser esta: ser? E, entretanto, precisamente o fato de o ente permanecer recolhido no Ser, de no fenômeno de Ser manifestar-se o ente, é que deixava atônitos os gregos, e a eles primeiro e unicamente espantou*[53].

Em cada sentença que proferimos, o ser é afirmado. Mas não nos detemos para indagar de nós mesmos o que é que estamos dizendo ou, mais exatamente, o que é que nos permite, na verdade, e nos compele a dizer o que é. Não indagamos quanto aos fundamentos existenciais de nossa própria existência ou não existência – as duas são formal e substancialmente inseparáveis – nem quanto ao status de entidade atribuído (conferido?) ao mundo por toda e qualquer coisa que dizemos. É justamente porque não fazemos tal indagação que a questão de Heidegger, e o consequente discurso, nos parecerão *loucos* (em sua própria palavra) ou vazios. Este pedaço de giz é branco; é de tal composição química e distribuição molecular; seus elementos possuem este ou aquele peso atômico; pode ser usado para fazer marcas visíveis em tais materiais e não em outros; pode ser transformado por diluição, por calor ou pelo frio nas seguintes substâncias; e assim por diante. Que há mais para dizer?

Tudo propõe Heidegger. *Porque é este pedaço de giz? Por que é, quando poderia não ser? E já temos de fazer uma pausa, diante do insólito da formulação e de sua aparente vacuidade. E o que é mais: que possível resposta pode haver para tais perguntas a não ser uma tautologia? O pedaço de giz é porque é. Mas sendo assim, então a palavra é e a entidade que ela implica não seria mais do que uma palavra vazia. Nada significa de real, tangível, material. O seu significado é uma névoa irreal e quem queria correr atrás dessa névoa?*[54]

[53] HEIDEGGER, M. *Being and Time*. Londres: Ed. Oxford, 1962.

[54] *Ibidem, op. cit.*

Merleau-Ponty, de outro lado, refletindo sobre a questão do Ser coloca que vemos as coisas mesmas, *o mundo é aquilo que vemos – fórmulas desse gênero exprimem uma fé comum ao homem natural e ao filósofo desde que abra os olhos; remetem para uma camada profunda de opiniões mudas, implícitas em nossa nova vida. Mas essa fé tem isto de estranho: se procurarmos articulá-la numa tese ou num enunciado, se perguntarmos o que é este nós, o que é este ver e o que é esta coisa ou este mundo, penetramos num labirinto de dificuldades e contradições. pois se é certo que vejo minha mesa, que minha visão termina nela, que ela fixa e detém meu olhar com sua densidade insuperável, como também é certo que eu, sentado diante de minha mesa, ao pensar na ponte da Concórdia, não estou mais em meus pensamentos, mas na ponte da Concórdia; e que, finalmente, no horizonte de todas essas visões ou quase visões está o próprio mundo que habito o mundo natural e o mundo histórico, com todos os vestígios humanos de que é feito*[55].

O fenômeno, ou aquilo que se manifesta, consiste em ser plena positividade, sua essência é um aparecer que já não se opõe ao ser, pois que é, ao contrário, a sua medida porque o ser de um existente reside precisamente no fato de que ele aparece[56]. O ser do fenômeno mostra-se em seu aparecer – o fenômeno ou o relativo absoluto. É relativo no sentido de que o aparecer supõe de um modo essencial alguém a quem o aparecer aparece. Mas o fenômeno em si mesmo deve ser considerado um absoluto, no sentido de que se trata de um aparecer que nada esconde atrás de si, não podendo ser compreendido como manifestação de uma suposta coisa em si que seria, ela, o absoluto. O que o fenômeno é, ele o é absolutamente, tal como é: o fenômeno é absolutamente indicativo de si mesmo, é um absoluto.

O homem é o ser que não é o que é, e que é o que não é[57]. É necessário, então, que o homem seja entendido como o ser que é, não um mero conjunto de mecanismos desprovidos de sentimentos, mas um ser transfenomenal que se percebe enquanto fenômeno, e se anuncia no fenômeno como um além deste. Assim o homem será capaz de criar e até mesmo enredar a compreensão de sua própria existência, partir de sua condição de ser, um ser capaz de alcançar a transfenomenalidade do fenômeno de ser[58].

[55] MERLEAU-PONTY, M. *O Visível e o Invisível*, São Paulo: Editora Perspectiva, 1971.

[56] *Ibidem, op. cit.*

[57] *El Ser Y La Nada, op. cit.*

[58] Angerami, V.A., *Existencialismo & Psicoterapia*, São Paulo: Traço Editora, 1984.

MORTE

Morrer é viver as possibilidades do não.
É saber que a transcendência é a vida,
vida em morte, e o morrer em cada instante
no pulsar de um beijo, no afagar de mãos.
(Valdemar Augusto Angerami)

A morte foi um tema sobre o qual os existencialistas escreveram muito. Sartre coloca que, por algum tempo, foi muito atraído pelas concepções de Heidegger sobre a morte, especialmente a que indica a decisão resoluta de assumir a finitude não apenas alivia o terror original que a perspectiva da morte inspira; serve também como ato de encerramento de nossa vida e sua constituição numa espécie de totalidade, modificando, assim, a profunda brecha em nosso ser, causada pela necessidade ontológica de perpétua autotranscendência. Assumindo a morte, interiorizamo-la como possibilidade última, como elemento final de todos os atos de autotranscendência. Na morte, somos a totalidade que não pudemos ser em vida; mas mesmo em vida, podemos em certo sentido antecipar-nos a nós mesmos em direção à morte e, assumindo a morte, adotar um ponto de vista sobre nós como totalidade. Humanizando e interiorizando a morte, o homem pode alijar-lhe o caráter de restrição da liberdade. A doutrina heideggeriana se apresentava assim a Sartre como um meio de resguardar a teoria da liberdade total. Esse limite aparente de nossa liberdade, interiorizando-se, é recuperado pela liberdade. Porém, tendo considerado mais tarde a doutrina, que acreditava também de Rilke e Malraux, acrescenta: *Nem a comodidade dessas ideias, nem a parte incontestável de verdade que encerram, nos devem confundir. É necessário retomar do começo o exame da questão*[59].

Criticando a primeira tese heideggeriana, a saber, que a consciência da morte intensifica a autopercepção e nos confere a categoria da individualidade, Sartre se detém sobre o juízo de que a morte é a única

[59] *El Ser Y La Nada, op. cit.*

coisa que ninguém pode fazer por mim. *É perfeitamente gratuito dizer que morrer é a única coisa que ninguém pode fazer por mim. Se a morte for considerada como possibilidade última e subjetiva, evento que só concerne ao para-si, é evidente que ninguém pode morrer por mim. Mas segue-se disso que nenhuma de minhas possibilidades, tomadas desse ponto de vista pode ser projetada por outro que não eu. Ninguém pode amar por mim, se entendermos com isso fazer esses juramentos, e que são meus juramentos, experimentar as emoções que são minhas emoções. Se pelo contrário de sua função, de sua eficiência e de seu resultado, é pacífico que o outro sempre pode fazer o que faço: se se trata de tornar certa mulher feliz, de defender sua vida ou sua liberdade, de lhe dar os meios de realizar sua salvação ou simplesmente de construir com ela um lar, dar-lhe filhos, se isso é o que define amor, então outro poderá amar em meu lugar, poderá mesmo amar por mim. E o mesmo acontece com todas as minhas atitudes. Minha morte entrará também nessa categoria: se morrer é morrer para edificar, para testemunhar, para a pátria etc., qualquer um pode morrer em meu lugar*[60].

Sartre entretece ainda seu esboço contrapondo as ideias de Heidegger com Rilke: *Rilke se esforça para mostrar que o fim de cada homem se assemelha a sua vida, porque toda vida individualmente é preparação desse fim; neste sentido, Marlraux, em Les Conquérants mostra que a cultura europeia, ao dar a certos asiáticos o sentido da morte própria, penetra imediatamente a verdade desesperadora e embriagadora de que a morte é única. A Heidegger estava reservado dar forma filosófica a esta humanização da morte: com efeito, se o Dasein não necessita nada, precisamente porque é projeto e antecipação, deve ser antecipação e projeto de sua própria morte como possibilidade de não realização mas presença no mundo*[61]. Assim, a morte se converteu em possibilidade própria do Dasein; o ser da realidade humana se define como *Ser-para-a-morte*[62]. Tanto que o Dasein decide seu projeto para a morte, realiza a liberdade para morrer e se constitui a si mesmo como totalidade pelo livre escolha da finitude.

Sartre, na sequência, coloca de maneira bastante clara e constrita seu posicionamento sobre a morte num contraponto com as ideias de Heidegger: *Tal teoria, à primeira vista, não pode deixar de nos seduzir: interiorizar a morte serve aos nossos próprios desígnios; esse limite aparente de nossa liberdade*

[60] *Ibidem, op. cit.*

[61] *Ibidem, op. cit.*

[62] *Ibidem, op. cit.*

ao interiorizá-la é recuperado pela liberdade. Entretanto, nem a comodidade de tais concepções, nem a incontestável parte de verdade que encerram nos devem confundir. É necessário retomar desde o começo o exame da questão. É certo que a realidade-humana, pela qual a condição humana torna-se realidade, não poderia encontrar-se com o inumano; o conceito de inumano mesmo é um conceito de homem. É necessário, pois, abandonar toda esperança, ainda que em si a morte seja uma passagem para um absoluto não humano, de considerá-la com uma luz aberta a esse absoluto. A morte nada nos revela senão acerca de nós mesmos e desde um ponto de vista humano. Significa isto que pertence a priori à realidade humana? Antes de mais nada, é necessário advertir do caráter absurdo da morte[63].

Sartre, em seguida, coloca o distanciamento de seu posicionamento em relação a Heidegger: *Nesse sentido, toda tentação de considerá-la como um acorde de resolução ao término de uma melodia deve ser rigorosamente apartada. A menos que acreditamos estar na situação de um condenado entre condenados, que ignora o dia de sua execução, porém vê executar a cada dia seus companheiros de presídio. Isto não é inteiramente exato: melhor seria comparar a um condenado a morte que se prepara valentamente para o último suplício, e que se prepara com cuidado para fazer bem seu papel no cadafalso, e que, entretanto, é arrebatado por uma epidemia de gripe espanhola. É o que há compreendido da sabedoria cristã, que recomenda preparar-se para morrer como se a morte pudesse sobrevir a qualquer hora. Com efeito: se o sentido de nossa vida se converte em espera da morte, esta, ao sobrevir, não pode senão pôr seu selo sobre a vida. E, no fundo, o que há de mais positivo na decisão resoluta (Entschlossenheit) de Heidegger. Desgraçadamente, são consensos mais fáceis de ser seguidos, não a causa de uma debilidade natural da realidade humana, ou de um projeto originário de inautenticidade, senão a causa da morte mesma. Com efeito, um pode esperar a morte particular, porém não a morte*[64].

Para Sartre a morte é a ocorrência que determina o fim da existência, pondo fim a todos os projetos elaborados. Heidegger, de outra parte, coloca a morte como fazendo parte da vida. Merleau-Ponty[65] corrobora com Sartre e esclarece dizendo *que nem meu nascimento nem minha morte podem aparecer-me como experiências minhas, na minha morte não tenho mais*

[63] *Ibidem, op. cit.*

[64] *Ibidem, op. cit.*

[65] *Fenomenologia da Percepção, op. cit.*

consciência de ser o verdadeiro sujeito de minha sensação, já que, se não fosse assim, eu me suporia sobrevivente a mim mesmo para poder experimentá-los. A morte é a margem final da vida perceptiva e assim impossível de ser experimentada. Se não existe sensação, não há como atribuir valor, pois que o bom e o mal só existem na sensação. Assim, evocando o pensamento de Epicuro, é tolice temer a morte; a morte não é nada para nós, pois enquanto vivemos, ela não existe, e quando ela chega, não existimos mais.

A existência humana sofre perda de continuidade com o ato de morrer. A morte tem a condição de determinar à existência o fim de seus devaneios, planos e ilusões. A morte é assim a ocorrência mais concreta da existência ,humana, determinando, muitas vezes, a condição de absurdidade da vida.

Para Heidegger a nossa primeira abordagem objetiva do fenômeno do término do *Dasein,* que é a morte, ocorre através da morte de outros. Como ser é sempre um ser-com-outros, adquirimos literalmente uma experiência da morte em numerosos momentos, durante a nossa própria existência. Além disso, Heidegger, neste ponto, atinge um dos seus momentos mais estranhamente pungentes, a morte de outros coloca-nos diante de *esse extraordinário fenômeno de ser que pode definir-se com a mudança de uma entidade da espécie de ser (ou da vida) do Dasein para não-mais-Dasein*[66].

Dessa maneira o morto abandona o nosso mundo, mas em termos de *ente aqueles que ficam podem ainda estar com ele*[67]. Em um nível, Heidegger está reafirmando a qualidade compartilhada e constantemente participatória do cotidiano existencial, o *ser-com* de todo o ente. Num outro nível, ele está aduzindo a verdade psicológica perfeitamente ordinária, mas profunda, de que os mortos podem estar mais perto de nós, mais ativamente conosco, mais plenamente uma parte de nosso ser do que os vivos. *Só compreendemos a ausência ou a morte de um amigo no momento em que esperamos dele uma resposta e sentimos que ela não existirá mais; por isso, primeiramente evitamos interrogar para não ter de perceber esse silêncio; nós nos desviamos das regiões de nossa vida em que poderíamos encontrar esse nada*[68]. O estudo dos pensamentos de um homem morto,

[66] *As Ideias de Heidegger, op. cit.*

[67] *Ibidem, op. cit.*

[68] *Fenomenologia da Percepção, op. cit.*

a contemplação de sua arte, a realização de seu propósito político, a intensa recordação de seu *estar-aí*, são exemplos de cuidados inteiramente típicos da existência humana.

O enunciado de Heidegger (com seu aparente eco da famosa oração de Rilke para *Uma Morte Estritamente Pessoal*) obteve uma formidável influência: *Ninguém pode arrebatar a outro a sua morte. É claro, alguém pode 'enfrentar a morte por outrem'. Mas isso significa sempre sacrificar-se por outrem em 'algum caso definido'. Tal 'morrer por' nunca pode significar que ao outro foi assim arrebatada sua morte. Morrer é algo que todo o Dasein deve ele mesmo assumir no tempo. Por sua própria essência, a morte é, em todo o caso, minha, na medida em que é. E, com efeito, a morte significa uma peculiar possibilidade-deser em que o mesmo ser do próprio Dasein do homem é o fim, um desfecho final. No morrer, mostra-se que pertencer a mim (mineness) e existência são, ontologicamente, constitutivos para a morte. Morrer não é um evento; é um fenômeno a ser compreendido existencialmente*[69].

A transparência dos fatos e a própria dimensão do ato de morrer, ao ser trazida à consciência determina o esteio sobre o qual a vida é sedimentada. Numa simples projeção, para se ter uma ideia do alcance desse posicionamento, é praticamente impossível pensar-se de que forma seria a existência sem a morte. Se não existisse a possibilidade de se morrer, então, seguramente teríamos que conceber uma forma de existência sequer tangível pela razão e, portanto pela não razão. Os modelos econômicos sejam eles capitalistas, socialistas ou de qualquer outra estruturação, embora sedimentados em bases que não aquelas meramente filosóficas têm seu poderio sobre outras sociedades a partir do determinante da morte e do ato de morrer. Assim, uma nação é poderosa em relação à outra pelo porte de seu arsenal bélico; portanto, pela condição de destruição do povo ou nação adversária. Se não existisse a morte, a condição bélica perderia o significado e poder. A espoliação mercantilista que avilta o trabalho do homem impondo-lhe condições desumanas, em busca da pura sobrevivência, perderia o significado. Deixaria de haver a condição de espoliação e de exploração: ninguém necessitaria expor-se à condição mercantilista de trabalho em busca da sobrevivência. Também se não existisse a morte, a vida prescindiria totalmente da Medicina – definida

[69] *As Ideias de Heidegger, op. cit.*

em suas lides como sendo a arte de manter acesa a chama da vida. As doenças que ceifam e dizimam milhares de vidas humanas não mais atuariam sobre a espécie humana.

Wilma C. Torres[70] coloca que a morte é, no século XX, o sujeito ausente do discurso, afirmando também que vários fatores costumam ser apontados para justificar o desencontro do homem com a morte. Este desencontro se deve, em parte, porque na relação do homem com a morte há uma aparente contradição. Se a morte é natural, porque o conflito? Porque a resistência? A resposta é dada inicialmente pela própria biologia. Na verdade, em termos biológicos, a morte é *natural* apenas no sentido de que é universal, inevitável. É isto o que demonstra a nova teoria científica da morte, pois a biologia, ao estudar o fenômeno mais de perto, pode afirmar que o que mais caracteriza o organismo vivo é a imortalidade e não a morte: as células vivas são potencialmente imortais ou amortais. Os seres unicelulares são potencialmente imortais. Assim sendo, a morte dos seres superiores não se baseia em uma propriedade original da substância viva, mas decorre de condições especiais de organização dos seres evoluídos. Desta forma, a biologia descobriu que a morte não é uma fatalidade da vida orgânica[71]. Os seres vivos em sua origem não são heideggerianos – a vida não é a morte. Na verdade, em termos evolucionistas, a morte *natural* foi uma descoberta tardia da vida, sem *luxo*, e por isso para a biologia, atualmente problema mais misterioso e apaixonante do que o da origem da vida é o da origem da morte. Quanto mais se sobe na escala dos organismos vivos, na escala das especializações, mais diminui a possibilidade de regeneração celular; a célula mais evoluída – a nervosa – parece mesmo incapaz de se renovar. Como se pode ver, a regressão se mostra como lei necessária das células especializadas. A morte surge como preço da organização, da diferenciação, da especialização[72].

E na sequência, tentando aprofundar ainda mais esse questionamento, Torres coloca que o homem transcende os limites da biologia e, se a morte é contrária à sua natureza biológica, é ainda mais contrária

[70] TORRES, W. C.; GUEDES, G. W.; TORRES C. R. (Orgs.). *A Psicologia e a Morte*. Rio de Janeiro: Fundação Getúlio Vargas, 1983.

[71] *Ibidem, op. cit.*

[72] *Ibidem, op. cit.*

à essência mesma da natureza humana. Quem procura demonstrar isto, dentro de uma perspectiva existencialista cristã, é Landsberg, em seu notável trabalho *Essai sur l'expérience de la mort.* Landsberger, ainda segundo Torres, contrariando Heidegger, afirma que a pessoa humana, na sua essência, não é existência para a morte; e argumenta que a angústia da morte seria incompreensível se a estrutura fundamental de nosso ser não contivesse o postulado existencial de um *outro lado.* Se assim não fosse, a morte seria simplesmente um fato do futuro, talvez bastante penoso, mas sem nenhum peso excepcional e sem nenhuma outra ameaça metafísica. A angústia mesma nos revela que a morte e o nada se opõem à tendência mais profunda e mais inevitável do nosso ser. No fundo do ser há um ato: a afirmação de si mesmo[73].

Na pessoa que se sabe única, encontramos a afirmação deste elemento único a realizar, afirmação que implica a tendência a ultrapassar o tempo. A morte interpretada como definitiva, a morte física interpretada como negação universal de nossa existência, é apenas o reflexo da descrença desesperada, uma negação da pessoa por ela mesma. Se a natureza humana tem necessidade de sobrevivência, não é nem por egoísmo, nem por burla, nem por regressão, nem por um atavismo histórico qualquer. Esta necessidade mesma é o testemunho de uma estrutura ontológica fundamental: a consciência imita o ser profundo. Se nenhuma possibilidade verdadeira correspondesse a esta tendência, toda a existência humana submergiria do nada. Portanto, a consciência da morte caminha paralela à individualização humana, com a constituição de individualidades singulares, obra da pessoa. Talvez isto explique por que épocas históricas ricas em individualidades singulares sejam perseguidas pela idéia da morte, e porque cidades, como a sociedade moderna que sofre profunda crise individualidade, façam da morte um tabu[74].

A morte é, muitas vezes, um processo vital que determina inclusive a própria condição da vida.

E ao se trazer a temática da morte para discussão a partir de várias óticas estamos, na realidade, mostrando uma das facetas mais contundendes da existência em suas performances e manifestações.

[73] *Ibidem, op. cit.*

[74] *Ibidem, op. cit.*

O SENTIDO DA VIDA

Tivesse, como nós, consciência o animal tranquilo
– em outro sentido nos arrastaria; seu ritmo seria o nosso.
Seu ser, porém é infinito, inapreensível e sem olhar.
E ele tudo vê, puro e inconsciente de si,
onde nós vemos futuro, em tudo se vê e salvo para sempre.
(RAINER MARIA RILKE)

Dentre os temas existencialistas, o sentido da vida seguramente é um dos que mais provocam celeumas quando de seu questionamento. A questão do sentido da vida é uma temática que mais converte para a dimensão do pensamento existencialista em suas nuanças e convergências.

A vida enquanto existência única e isolada não tem sentido. O homem existe a partir de suas realizações, não existindo pela sua própria vida isolado do contexto de suas realizações[75].

E se a vida não tem sentido, ou usando a definição existencialista, *a existência é absurda*[76], tal consciência nos leva em busca de realizações significativas visando dar sentido e cor a essa existência. A consciência de que a vida é um emaranhado de sofrimentos e agruras existenciais faz com que assumamos a dimensão da nossa responsabilidade, enquanto seres livres e responsáveis pela construção dos próprios ideais de vida.

O sentido da vida é a propulsão capaz de levar o homem a horizontes sequer atingíveis pela razão. No entanto, é preciso dimensionar-se a vida como carenciada de sentido e que necessitará das realizações humanas para tornar-se algo além da própria vida. Basta pensar numa criança de cinco anos de idade, por exemplo. Essa criança tem na própria vida o sentido da vida; sua vida será brincar, demonstrar e quebrar os próprios brinquedos, buscar o provimento de suas necessidades básicas de sobrevivência, alimentação, afeto, proteção etc.

Para essa criança, mesmo em situações de sofrimentos provocadas por doenças, brigas e desajustamentos familiares, etc., a vida transcende

[75] *Existencialismo & Psicoterapia, op. cit.*

[76] *Ibidem, op. cit.*

pela própria vida. O adulto, por outro lado e num contraponto com essa criança aludida no exemplo anterior, precisa dar sentido a sua própria vida, pois essa será desprovida de sentido; necessitará de realizações, sejam afetivas, emocionais, profissionais, etc., para encontrar algum sentido em sua vida. E ainda assim, diante de questionamentos que evoquem o porquê da existência humana – a vida, a morte, as doenças, o sofrimento, a questão de Deus, a incompreensão do próprio fenômeno da vida –, o sentido da vida variará de acordo com as situações que envolvem esse pensamento.

Izar Xausa, refletindo sobre a obra de Viktor E. Frankl[77], coloca que o sentido da vida é um problema caracteristicamente humano e uma indagação que todo homem faz a si mesmo. Para assumir um compromisso com a vida é preciso descobrir-lhe o sentido. O sentido assume, portanto, uma importância vital. Daí a ênfase dada por Victor E. Frankl a esta necessidade que todo o homem possui em responder a esta pergunta de sentido. Em sua própria existência, Frankl inquiriu, mais explicitamente, sobre o sentido da vida, quando de posse apenas da sua existência desnuda como prisioneiro 119.104, viveu a trágica situação limite do campo de concentração[78].

Xausa coloca ainda que Frankl dizia que o prisioneiro que perdia a fé no futuro estava condenado a definhar, confirmando a estreita relação existente entre o ânimo de uma pessoa e seu valor e suas esperanças. De forma instintiva, sua sobrevivência e a de seus companheiros que resistiram devia-se, portanto, ao sentido que lhes dava capacidade de transcender àquelas grades, através do sofrimento, numa atitude intencional e livremente aceita rumo a um valor mais alto.

Frankl encontrou sentido para realizar-se naquela espécie de vida subumana e percebeu que todo aquele que também o encontrava adquiria forças para sobreviver ao infortúnio. Assim, a resposta ao sentido da vida é mobilizadora de forças vitais. Ou ao contrário o vazio ou o vazio existencial é capaz de causar enfermidade. Frankl coloca que na vida não se trata de uma atribuição de sentido, senão um achado de sentido, o que faz não dar um sentido, mas encontrá-lo:

[77] XAUSA, I. A. M. *A Psicologia do Sentido da Vida*. Petrópolis: Editora Vozes, 1986.

[78] *Ibidem, op. cit.*

encontrar, diremos, e não inventar, já que o sentido da vida não pode ser inventado, antes tem que ser descoberto[79].

O sentido da vida e significação é determinante da gratificação emocional obtidas pelas realizações alcançadas ao longo do existir[80].

O homem existe a partir de suas realizações, não existindo pela sua própria vida, isolado do contexto de suas realizações. Se fosse permitido à existência o desenvolvimento pleno de suas realizações, o homem teria possibilidades muito mais amplas de crescimento pessoal.

O homem é aniquilado e acachapado pelo sistema social, que o toma mero mecanismo desprovido de todo e qualquer sentido existencial. O sistema social que o desumaniza, por outro lado, foi sedimentado por ele próprio e, dessa forma, sua destruição é feita apenas e tão somente por si mesmo.

Ao longo de sua existência, o homem busca afoitamente um sentido de vida que lhe dê uma significação plena e total. Nessa busca se depara com as mais diversas dificuldades, fazendo com que a existência seja permeada de obstáculos a serem vencidos e que, na grande maioria das vezes, dá-lhe uma dimensão irreal dos fatos e fenômenos da existência.

O homem passa a maior parte de sua existência buscando o sentido da vida, perguntando o que é a vida, qual a sua obstinação, qual a sua verdade.

Em sua busca desvairada, recorre a todos os tipos de respostas, buscando desde verdades místicas até aquelas chamadas científicas.

O sentido da vida é algo buscado pelo homem desde os primórdios da humanidade. No entanto, os progressos obtidos nesse aspecto são praticamente nulos. Ao mesmo tempo em que o homem evolui nos avanços tecnológicos, chegando mesmo ao ápice do desenvolvimento e conhecimento técnicos, a busca do sentido da vida continua sendo tartamudeada da mesma forma há milênios.

Nas buscas dessa compreensão, o homem enveredou pelos chamados conhecimentos científicos, e, na medida em que a ciência mostrou-se incapaz de responder aos seus anseios, houve uma convergência do místico para o científico. E a ciência, então, passou a trilhar por caminhos onde

[79] *Ibidem, op. cit.*

[80] *Existencialismo & Psicoterapia, op. cit.*

as teorias acima de toda e qualquer verificação dependem basicamente do crivo da fé, da crença dogmática e indissolúvel que sequer permite questionamentos e indagações.

A existência humana passou a ser explicada por conceitos cósmicos, energéticos e outros emprestados da física, hidráulica e até mesmo de realizações pertinentes às ciências exatas. E a existência em si continua deixando o homem perplexo pela sua complexidade, pela sua falta de lógica. A vida é tida como sendo um mistério profundo, cujo conhecimento real parece cada vez mais distante do homem, e o sentido da vida continua a ser uma das grandes celeumas contemporânea.

O próprio sentido da vida, muitas vezes, é determinado pelas crenças que norteiam a existência. Quantas existências não ganham significado a partir de dogmas e realizações místicas, ou, então, por princípios ideológicos que, muitas vezes, são irreais ou até mesmo utópicos?! Nietzsche[81] é um dos primeiros existencialistas a questionar a procura de um sentido universal, o primeiro a combater essa busca por adequação, disfarçada de busca por propósito na vida, para ele *a fatalidade de sua existência não pode ser separada da fatalidade de tudo o que foi e de tudo o que será. O homem não é a consequência de uma intenção própria, de uma vontade, de uma finalidade* e considera absurdo alguém querer fazer *rolar* sua existência em direção a uma finalidade qualquer.

O sentido da vida é determinante da gratificação emocional obtida pelas realizações alcançadas ao longo da existência.

O homem é um contínuo vir-a-ser e a própria dinâmica propulsora da existência é a renovação da motivação inerente ao sentido da vida. É necessário, no entanto, que ele decida de maneira adequada seu projeto de vida, para que o sentido da vida seja pertinente às suas realizações. De outra forma será necessário adequar-se a frustrações e, até mesmo, a uma existência permeada pelos parâmetros impostos pelas asperezas do caminho. Existem também pessoas que ao decidirem como sentido de vida a realização de projetos de vida praticamente inalcançáveis atingem não as metas inicialmente propostas, mas certamente alcançam patamares muito superiores aos impostos pela própria existência. De outra forma, ao decidir-se por realizações aquém de suas possibilidades, o que fará com

[81] NIETZSCHE, F. W. *Crepúsculo dos ídolos: ou como filosofar com o martelo.* Rio de Janeiro: Relume Dumará, 2000.

que o sentido de vida seja pobre, cerceado e limitado, a consequência será a geração de muito sofrimento, bem como do aniquilamento das possibilidades do desdobramento da existência[82].

Dessa maneira, é através do sentido da vida, das polêmicas e cantilenas evocadas quando de seu questionamento, que o pensamento existencialista contribui de maneira significativa para uma tomada de consciência decisiva sobre a própria realidade da existência humana. E também é através do sentido da vida que determinados sentimentos podem ser avaliados e superados de modo livre e autêntico.

TRANSCENDÊNCIA

Eu viajo aos teus braços
beijo teus lábios na ausência
toco nos teus seios sem distanciamento
e transcendo os sentidos da paixão.
(Valdemar Augusto Angerami)

Uma pedra existe no espaço com os limites de sua área. A dimensão que ocupa no espaço não transcende suas formas nem tampouco seus próprios limites. O homem, ao contrário, ocupa uma dimensão que transcende seus limites corpóreos. O homem tangencia as estrelas com sua imaginação, toca a Lua com sua percepção e desliza mar adentro através de suas sensações. O homem antecipa seu futuro, vivencia seu passado, trancende o limiar do tempo e do espaço. Sua imaginação o leva a horizontes somente alcançáveis por sua capacidade de transcendência.

Bertolino[83] coloca que Sartre nos pede para entender a ideia de ser no-mundo no sentido de movimento e, aqui, isto significa que todo

[82] *Existencialismo & Psicoterapia, op. cit.*

[83] BERTOLINO, P. *Sartre: Transcendência e Constituição do Ego* in Revista de Ciências Humanas, publicação da Editora Universidade Federal de Santa Catarina, Vol. nº 2, Florianópolis, 1982.

fenômeno psíquico tem de ser completado no movimento de síntese como, aliás, acontece às notas de uma melodia. Assim, o Ego (a definição é de Sartre) se constitui na unidade de transcendência e as transcende ele mesmo, na medida em que não se reduz a nenhuma delas e nem à soma das mesmas[84].

Merleau-Ponty coloca que não nos perguntamos se o mundo existe, perguntamos o que é, para ele, existir. No entanto, mesmo assim transformada, a questão ainda não é radical. Pois é possível ainda entendê-la num sentido superficial que esconde sua verdadeira motivação[85].

A questão assim é remetida à questão de transcendência da própria fé perceptiva em relação ao mundo propriamente dito e a linguagem através da qual tentamos significá-lo através das palavras, indevidamente, já que é com palavras que se responderá à questão.

Merleau-Ponty coloca ainda que do ponto de vista do Ser e o Nada, a abertura para o ser significa apreendê-lo nele próprio: *se permanece afastado é porque o nada, o anônimo em mim que vê, leva adiante de si uma zona de vazio onde o ser não é apenas, mas é visto. É, portanto, o meu nada quem faz a distância do ser e também sua proximidade, a perspectiva como distinta da própria coisa, que constitui em limites os limites do meu campo; ele franqueia estes limites, este afastamento, na medida que os faz; só faz surgir as perspectivas fazendo surgir o geometral, vai ao todo porque não é nada – então, não há mais alguma coisa, não há mais abertura, pois não há mais trabalho do olhar contra esses limites, não há mais inércia da visão que faz com que se diga que temos abertura para o mundo*[86].

Pelo conceito de transcendência é que se pode perceber a extensão de que o homem não é um ser estático, mas sim um ser em contínuo desenvolvimento. E nesse sentido a famosa frase de Sartre: o homem é o ser que não é o que é e que é o que não é[87]. É a transcendência à questão que nos permite definir a condição humana da introspecção e meditação. E também é pela transcendência que o homem descobre a totalidade de suas possibilidades existenciais; possibilidades que não

[84] *Ibidem, op. cit.*

[85] *O Visível e o Invisível, op. cit.*

[86] *Ibidem, op. cit.*

[87] *El Ser Y La Nada, op. cit.*

se esgotam ainda que a existência esteja quedada, inerte frente às vicissitudes existenciais.

O homem é um ser capaz de alcançar a transfenomenalidade do fenômeno de ser. Não basta, entretanto, dizer que o ser se atinge no fenômeno, pois como afirma Sartre o ser dos fenômenos não se resolve num fenômeno de ser[88]. E necessário que o homem seja entendido como o ser que é, não um mero conjunto de mecanismos desprovidos de sentimentos, mas um ser transfenomenal, que se percebe enquanto um fenômeno, e se anuncia no fenômeno como um ser além deste.

Sartre em *A Transcendência do Ego*[89] refletindo sobre a consciência coloca que ela determina sua existência a cada momento sem que possamos conceber qualquer coisa que a preceda.

Nossa espontaneidade não é algo de que tenhamos qualquer domínio, é algo que pode *ser* ou não *ser*, assim como erguer o meu braço ou deixá-lo onde está. Considere-se o primeiro momento em que a consciência existe. Obviamente ela não pode ser causada por algum estado anterior de si mesma, pois, por hipótese, este é o seu primeiro estado. Tampouco pode ser causada por alguma coisa, pois não é uma coisa e coisas só podem ser invocadas na explicação de coisas. Assim, a consciência é casualmente independente de tudo. Por certo que é dependente do mundo, na medida em que exige um objeto. Mas o objeto apenas determina o conteúdo da com ciência, não a sua existência. Assim, a consciência e uma espontaneidade no que concerne a qualquer coisa dentro ou fora dela, e aplicar-lhe noções causais é tratá-la simplesmente como se fosse uma coisa.

E se a própria condição humana, em sua forma única de existência, determina as possibilidades inerentes a essa condição. É através de transcendência que as realizações humanas ganham a dimensão capaz de transformar e até mesmo de redimensioná-la. E a existência que é um contínuo *vir-a-ser*, um sempre *ainda-não,* com a possibilidade de um *poder-ser,* na condição de transcendência se desdobra e faz com que nos projetemos para além de nossas próprias possibilidades existenciais.

88 *Ibidem, op. cit.*

89 SARTRE, J. P. *Transcendência do Ego*, São Paulo: Difusão Europeia do Livro, 1979.

AUTENTICIDADE

Que nunca estabeleceu convivência amorosa
não poderá manifestar-se, não poderá ser
transparente para si mesmo.
(BINSWANGER)

O termo autenticidade foi introduzido por Heidegger e mais tarde retomado por Sartre. No sentido mais amplo, a vida autêntica é a que se baseia numa apreciação exata da condição humana. Conforme citação anterior, de acordo com Heidegger: *O ser que existe é o homem. Só o homem existe. As pedras são, mas não existem. Os cavalos são, mas não existem. Os anjos são, mas não existem. Deus é, mas não existe*[90]. É o fato da consciência que distingue radicalmente o homem de outros seres. Heidegger coloca ainda que a *natureza existencial do homem é a razão pela qual o homem pode representar os seres como tais e pela qual pode estar consciente deles*[91].

Sartre coloca que o homem autêntico é aquele que se submete à conversão radical através da angústia e assume sua liberdade. Não como pastor do ser, mas como a causa do existir num mundo, e como a fonte única desses valores e inteligibilidade do mundo. Na elaboração dessa concepção fundamental, Sartre é levado a distinguir três formas de inautenticidade. Uma, que deriva do não reconhecimento da dualidade entre nosso ser-para-nós e nosso ser-para-outrem. A outra se baseia na confusão entre nosso estar-no-mundo e nosso estar-no-meio do mundo; mas esta forma de inautenticidade é analisada com pouca atenção. A terceira forma de inautenticidade decorre do não reconhecimento de nossa situação ambígua com um em-si-para-si *destotalizado,* ou da confusão entre nosso ser como em-si e nosso ser como para-si[92].

Numa espécie de manifesto publicado em 1939 *na Nouvelle Revue Française,* Sartre declarava: *Tocaremos as próprias coisas. Não somos mais*

[90] *As Ideias de Heidegger, op. cit.*

[91] *Ibidem, op. cit.*

[92] *A Transcendência do Ego, op. cit.*

prisioneiros de nossas sensações como homens proustianos. A consciência está sempre fora de si mesma; é consciência de alguma coisa[93].

Bornheim[94] coloca que Sartre baseado em sua concepção de liberdade pretende erigir a sua moral da responsabilidade e do compromisso. O empreendimento, contudo, não deixa de oferecer sérias dificuldades, e é nesse ponto que mais se ressente a ausência de uma discussão ampla do fenômeno ético. O subjetivismo de Sartre revela-se extremo: *tudo o que acontece é meu, tudo o que me acontece, acontece por mim*[95].

Tanto para Sartre como para Heidegger, o homem autêntico é o que reconhece a dualidade radical entre o humano e não o humano, que reconhece que estar-no-mundo não implica estar-no-meio do mundo[96]. E à luz desses temas que se fundamentam os conceitos de inautenticidade acima descritos. O ambiente humano artificial das fábricas exemplifica o acoplamento da condição humana frente às coisas. O próprio trabalhador se torna quase uma máquina. Todos os seus atos são determinados por um grupo de gerentes que não conhece. Seu trabalho é inteiramente rotinizado; praticamente qualquer pessoa poderia substituí-lo. E ele não tem o menor interesse no produto final. É simplesmente um objeto servindo às necessidades de um público voraz. Não está presente em sua atividade como um pintor ou poeta estão presentes ao mundo; está no mundo como um objeto físico, está no mundo com outros objetos físicos[97].

O homem sente nas próprias entranhas a dor da exploração mercantilista de sua capacidade de trabalho. Sofre na totalidade a dor de ver o tempo passar sem estar podendo viver plenamente suas possibilidades existenciais.

Percebe a dor que existe ao seu redor, conhece as agruras da fome, da desolação e da miséria. É reprimido em sua capacidade sexual. Aniquilado na sua forma de amar e muitas vezes, inclusive, é induzido ao ódio. Até que possamos conhecer e perceber melhor o mundo dos animais, podemos afirmar que nenhum tem a capacidade do homem de

[93] *As Ideias de Sartre, op. cit.*

[94] *Sartre, op. cit.*

[95] *Ibidem, op. cit.*

[96] *As Ideias de Sartre, op. cit.*

[97] *Ibidem, op. cit.*

sentir-se e perceber-se humilhado e avassalado em seus direitos existenciais mais básicos.

A consciência determina ao homem sua condição ímpar em relação às coisas. Uma forma de vida inanimada não tem conhecimento de outras vidas, nem tampouco interage com outros elementos da natureza. E mesmo num contraponto com o reino animal, onde as espécies animais interagem entre si, seja buscando acasalamento, proteção e conforto, seja interagindo num processo predador de destruição e até mesmo de sobrevivência, com pleno conhecimento de seus semelhantes e até mesmo de seus predadores, ainda assim a consciência do homem dá-lhe uma condição de colocar-se acima desse enredamento de fatos.

A busca da autenticidade é a própria busca da condição humana naquilo que ela tem de mais peculiar e sublime: a consciência de si e do outro. É na autenticidade que o homem se torna, através da consciência, homem na busca dos valores que irão determinar-lhe essa condição.

ANGÚSTIA

Uma metrópole,
Carros, tensão, nervosismo, poluição, violência na contramão,
assaltos sobre asfalto, medo, ansiedade, angústia,
Dou giros sem saber o que fazer. Alguns quilômetros mata virgem,
Aquela imagem parece miragem, paz, tranquilidade, vida, liberdade,
pássaros a voar, seriemas a gritar, vida a viver, liberdade de correr,
natureza conviver,
e então no entardecer
eu irei adormecer
para numa metrópole acordar
e a minha vida angustiar
(Evandro Angerami)

A angústia dentro dos valores existencialistas é seguramente um dos mais apaixonantes. Ao contrário das reflexões anteriores e que legavam à angústia a condição de patologia, o pensamento existencialista a coloca como um dos determinantes que nos traz presente a condição humana, e nos direciona à nossa categoria de seres livres e únicos. E dentre os vários pontos discutidos pelos existencialistas a angústia é aquele que irá aparecer na maioria dos escritos dessa corrente.

Para os existencialistas a angústia não é um sentimento negativo e sim uma experiência valiosa que emerge quando tomamos consciência da nossa condição humana. A angústia, ao contrário, é um sentimento que nos amendronta diante do nada existencial.

Somos lançados no mundo, proclama Heidegger. O nosso ser-no-mundo é um *ser lançado*. Nada há de místico ou metafórico nessa proposição. É uma banalidade primordial que a especulação metafísica ignorou. O mundo em que somos lançados, sem escolha pessoal, sem conhecimento prévio, estava aí diante de nós e estará aí depois de nós[98].

A inalienabilidade da morte, o fato simples mais irresistível de que cada um deve morrer para si mesmo, de que a morte é a única potencialidade existencial que nenhuma escravização, nenhuma promessa, nenhum poder dos outros pode arrebatar ao homem individual, eis a verdade fundamental do significado do ser, e por consequência determinante de uma angústia inerente à própria condição humana.

A consciência da liberdade é angústia. *A angústia em sua estrutura essencial é liberdade*[99]. Os exemplos, contudo, e o fato de que podemos precisar deles apenas sublinham o fato e trazem esse fato estrutural acerca da espontaneidade à consciência reflexiva. Assim, esta consciência não pode ser nada do tipo automaticamente garantido por algum esquema existencial, já que deverei sempre estar consciente da liberdade na constrição da consciência livre; daí estar eu em permanente angústia, se é nisso que a angústia importa, mesmo que se trate apenas de servir-me de outro croissant ou de tirar uma soneca[100].

Como a ideia de angústia representa papel tão destacado nos textos existencialistas, tanto em Kierkegaard e Heidegger, quanto em Sartre, cabe aqui mais uma palavra a respeito. Em primeiro lugar, ela é um

[98] *As Ideias de Heidegger, op. cit.*

[99] *El Ser Y La Nada, op. cit.*

[100] *Ibidem, op. cit.*

sentimento elitista e filosófico, e pouco ou nada tem a ver com aqueles estados nos quais os homens comuns são aterrorizados pelo perigo e pelas asperezas da vida, e que pode ser chamado de angústia, com os sentimentos que se experimenta quando uma carta não chega, ou uma criança adoece, ou um emprego ou o país são ameaçados[101].

Não é preciso um filósofo para nos dizer que a vida é angustiante nesse sentido. Seja como for, tal espécie de angústia é transitória e esporádica, enquanto a espécie de angústia a que aludem os existencialistas refere-se à totalidade da existência humana, e não apenas a episódios sombrios que podem ou não ocorrer nela. Seu conteúdo, aquilo a que diz respeito, é a liberdade humana, pelo menos em Kierkegaard e Sartre, e o nada, em Heidegger. Assim, nem todos sofrem aquilo que podemos agora designar como angústia metafísica, mesmo que sejam livres e estejam pré-reflexivamente conscientes de o serem. *Ela é completamente excepcional* escreve Sartre[102]. De certo modo, é acessível apenas aos que chegam a uma consciência reflexiva de sua liberdade, não importa como, e que reconhecem que somos nós mesmos a fonte original da possibilidade ou, mais dramaticamente, que criamos nosso próprio mundo[103].

A angústia é o reconhecimento de que as coisas têm o significado que lhes damos, que o sistema através do qual definimos a cada momento a nossa situação é atribuído ao mundo por nós, e que, portanto, não podemos derivar deles a maneira de ser do mundo[104].

A angústia é mais do que algo transitório e esporádico, é a totalidade da existência humana. Assim, a angústia é deslocada daquelas situações onde uma mãe vê seu filho ameaçado por uma doença, ou a possível iminência de uma guerra, para situações que nos remetem à condição humana como tal, em seu nível mais profundo de sofrimento existencial.

A angústia assim seria o objeto primário de sofrimento da própria existência, ou ainda a particularidade ou individualidade da condição humana.

[101] ANGERAMI, V. A. *Paradoxo Humano e Psicoterapia*. In: ANGERAMI, V. A. *Angústia e Psicoterapia* (Org.). São Paulo: Pearson Learning, 2014.

[102] *El Ser Y La Nada, op. cit.*

[103] *Ibidem, op. cit.*

[104] *Ibidem, op. cit.*

Poderemos falar de três tipos de angústia: angústia de ser, angústia diante do aqui-agora e angústia da liberdade. Evidentemente que a compreensão dessa maneira exclua a ocorrência de uma manifestação diante de outra; ao contrário, muitas vezes, iremos encontrá-la presente de modo a enfeixarem a totalidade da própria realidade existencial[105].

A angústia de ser é o sentimento que nos invade quando cogitamos que o nada foi e ainda é tão possível quanto ser; quando nos perguntamos por que existe algo, ao invés de não existir nada. É fato curioso nossa incapacidade de sentir o prodígio e o mistério do existir, sem pensarmos no nada absoluto. Metaforicamente poder-se-ia dizer que só podemos ter uma visão ampla do ser através da perspectiva do nada[106].

A angústia do ser é mais do que algo transitório e esporádico, é algo que abarca a totalidade da existência.

Não se deve, entretanto, confundir a angústia de ser com a angústia da morte, embora a idéia da morte possa evocar, e, de fato, amiúde evoque a primeira. A angustia de ser é propriamente experimentada quando pensamos que nada e ninguem poderiam nunca ter vindo a existencia ou que tudo e todos poderiam deixar de existir num instante. Ao tentarmos imaginar o mundo no momento da criação a partir do nada ou no momento da transformacao em poeira cosmica, aproximamo-nos dela[107].

Os existencialistas ateus irao colocar que, desde que so Deus poderia dar sentido ao ser, e desde que Deus não existe, o ser é absolutamente sem sentido. Os existencialistas religiosos, por outro lado, embora permitam acreditar, por um ato de fé, que Deus existe e que para Ele o ser tem sentido, a *incomensurabilidade radical* entre Deus e o homem torna impossível para sequer imaginar qual seja esse sentido.

Não ha meio concebível de se mostrar que o mundo foi feito para o homem, que o homem foi feito para adorar a Deus ou que Deus nos recompensará pela obediência. A criação não é apenas um mistério que transcende o entendimento humano; é um paradoxo lógico intransponível. As propriedades metafísicas do Ser platônico, que os cristãos

[105] *Angústia e Psicoterapia, op. cit.*

[106] *Introdução ao Existencialismo, op. cit.*

[107] *Ibidem, op. cit.*

atribue a Deus, são logicamente incompativeis com as propriedades de um criador[108].

De outra parte, o lado positivo da angustia do ser seria a própria antítese do que foi dito até então. Se não existem seres eternos e imutáveis ou se eles são impenetráveis ao entendimento humano, então o homem se torna a fonte valor e do sentido. O lugar anteriormente ocupado por Deus ou pela Natureza é assumido por seres humanos individuais. O homem é exaltado. Ele se investe da dignidade de ser o responsável único por si mesmo[109].

Nietzsche o exprimiu magistralmente: *Toda a beleza e sublimidade que atribulmos a objetos reais ou imaginarios reinvidico como propriedade e criação do homem. Elas sao sua mais bela justificacao. O homem como poeta e pensador! O homem como Deus, como amor, como poder! Com que generosidade real ele se empobreceu e se fez infeliz para adorar coisas. Ate presente, sua maior baixeza foi ter admirado e venerado coisas, esquecendo que foi ele quern criou o que admirou*[110].

O fenômeno da existencia, por si, deveria dar ao homem o encanto e discernimento necessário para que ele pudesse viver de modo mais pleno transformando a própria condicão da angústia do ser.

A angústia do aqui-agora, por outro lado, revela um traço da condicão humana que pode ser expresso negativa ou positivamente. Negativamente, ele significa que, mesmo que existissem objetos eternos, o homem não poderia participar de sua etennidade. Positivamente, que o homem é por natureza um ser temporal, com uma história individual confinada em determinada época histórica e determinada regiao do espaço[111].

Essa condicão da angústia do aqui-agora determina, inclusive, o condicionamento de o homem estar preso a uma região limitada do espaço e do tempo não podendo, assim, identificar-se com a humanidade em geral, mesmo que fosse obrigacão moral fazê-lo e isso trouxesse satisfação pessoal. O conceito da humanidade vai então de encontro aos princípios aristotélicos que o concebe como sendo uma abstração vazia. Assim não há como estabelecer relação vital entre um indivíduo concreto e uma abstração vazia.

108 *Ibidem, op. cit.*

109 *Angústia e Psicoterapia, op. cit.*

110 *Vontade da Potência, op. cit.*

111 *Introdução ao Existencialismo, op. cit.*

E essa situação em nada se modificará se se conceber a humanidade historicamente como sendo uma sucessão de geracões, pois na medida em que o destino da humanidade, assim concebida, continua oculto ao olhar do individuo singular, o conceito é indeterminado. O futuro da humanidade é desconhecido, e o individuo não pode identificar-se como o desconhecido[112].

A angústia da liberdade, de outra parte, é, segundo Sartre[113], decorrente da necessidade de que o individuo é *obrigado* a optar. A negação da angústia frente à liberdade é a propria negação da liberdade como condição humana.

O homem é um ser arrojado que uma vez lançado ao mundo terá que, na mais absoluta liberdade, buscar condições existenciais que possam trazer novas perspectivas à própria vida.

A angústia da liberdade surge com a consciência precisa de que somos responsáveis pelos nossos próprios atos. E que o peso da tentativa de transferência dessa responsabilidade para o outro é necessariamente derrotista, seja esse outro representado pelo Estado, opinião pública, grupo social, etc. Não optar é uma forma de opão, pois assim agindo estamos transferindo nosso poder decisório ao outro de maneira indissolúvel responsabilizando-se pela decisão do outro.

E de outra parte podemos perceber que a angustia da liberdade se relaciona de maneira sutil e complexa com as outras formas de angustia. A angústia do aqui-agora leva inevitavelmente a angustia da liberdade. Sartre coloca que *toda escolha é uma escolha da finitude*[114]. A ação humana deve ser vista, assim, como uma reação a um determinado estado de coisas e uma tentativa de instauração de um estado de coisas ideal. Implica tanto o reconhecimento de uma dada situação, como indesejável, quanto aconcepção de uma situação ideal, como desejável. É através da angústia que o homem poderá direcionar seus atos e sair do quietismo em que muitas vezes e lançado pela condição social. Também através da angústia que a existência adquire plenitude e contornos específicos de condição libertária.

[112] *Ibidem, op. cit.*

[113] *El Ser Y La Nada, op. cit.*

[114] *Ibidem, op. cit.*

AMOR

Eu sei, minha doce menina
de corpo de formas poéticas,
ah eu sei, amor de todos os amores
é o que ontem senti
quando teus lábios beijei
e teu corpo toquei...
(VALDEMAR AUGUSTO ANGERAMI)

Os existencialistas escreveram sobre o amor evocando abstrações criadas no imaginario, num contraponto muito claro e preciso em relacao a outros preceitos filosóficos, principalmente ao Humanismo, que viam no amor um meio pelo qual o individuo se identifica como gênero, deixando de ser o intelecto para ser algo predominado pela empatia ou por alguma emoção mais forte.

Marcel e Jaspers afirmaram amiúde que aquele que ama a humanidade não ama ninguem. O amor é, por definição, uma relação pessoal entre dois seres concretos. Nao pode haver relação pessoal entre um ser humano individual e a abstracao da humanidade. A pessoa que se sacrifica em nome da humanidade não age movida pelo amor universal; ela simplesmente revela sua incapacidade de amor pessoal[115].

Buber coloca que *toda relação atual com um ser, presente no mundo, é exclusiva. O seu Tu é destacado, posto a parte, o único existente diante de nós. Ele enche o horizonte, não como se nada mais existisse, mas tudo o mais vive na sua luz*[116]. O que vem a ser amor é uma afirmacao cuja asserção esta longe de tornar-se real. Se indagarmos a várias pessoas o que o amor, seguramente, teremos uma quantidade tão diversificada de respostas de acordo com o número de respondentes. O amor que acalenta o coração de um amante apaixonado certamente não é, em essência, o mesmo do missionario que dedica sua vida embrenhando-se na mata densa em auxflio de seus semelhantes.

[115] *Introdução ao Existencialismo, op. cit.*

[116] Buber, M. *Eu e Tu*. São Paulo: Edit. Moraes & Cortez, 1977.

Os humanistas estão certos ao dizerem que o amor universal dependeria de algum tipo de identificação com os outros. E seguramente aceitar o outro como semelhante é algo muito difícil de ser vivido e até mesmo dimensionado.

Ao reconhecermos o outro como nosso semelhante, práticas como tortura, espoliação mercantilista de mão-de-obra, miséria, fome e tantas outras atrocidades provocadas ao homem pelo próprio homem tornamse inconcebíveis. Afinal, aquilo que acontece a semelhante igualmente ocorre comigo mesmo na projeção do outro como pessoa. Como semelhante não posso aceitar esses desatinos silenciosamente[117].

O amor é visto por alguns como sendo aquela forma de entrega afetiva onde o amante, após estender a chama de seu fogo às raias do arrebatamento, recebe com intensidade ainda maior essa mesma chama.

O amor seria assim um processo de entrega onde as pessoas amam para ser amadas. Segundo essa conceituação, o amor seria um processo dialético o que, de alguma forma, exclui aquelas formas de entrega onde não existe simetria e troca.

O sentimento de uma mãe pela criança recém-nascida não seria, assim, definido como sendo amor. E tampouco seria amor as lágrimas de dor diante de um ente querido ausente.

Para outros tantos, o amor é o próprio sentido da vida. Esses afirmam que a vida existe a partir do amor e que apenas esse dá luz e cor a própria existência. Definem o amor como sendo uma forma de renúncia e entrega que gratifica as vicissitudes da vida. Amor apenas amor. E, por mais diferentes que sejam as atribuições e contornos que possa receber, nenhuma outra vertente da existência provoca tanto desalento quanto ela ao se fazer ausente.

O amor é o amanhecer de cada dia; é o Sol rompendo a madrugada com seus raios energéticos. E a cerimônia sagrada do por do sol, com os pássaros orando contemplativamente ao infinito.

As várias definições dadas ao amor fazem, por outro lado, com que muitas vezes determinados atos sejam chamados de amor num total distanciamento dos fatos. E até mesmo determinados envolvimentos afetivos ao serem chamados de amor perdem sua verdadeira essência.

[117] *Solidão. A Ausência do Outro, op. cit.*

Desde os tempos mais remotos, sonhadores se diziam românticos e escreviam todas as formas possíveis de cantigas de exaltação ao amor.

Amor, sublime forma de inspiração dos apaixonados que, sob sua magia, já erigiram os mais lindos cantos e elegias de dor. E se o amor carece de uma conceituação mais precisa quanto ao seu significado, a inspiração dos poetas converge no sentido de torná-lo dor d'alma diante da excelsitude da existência.

Amor é o que se sente pelo exaurir duma intensa emoção e nunca o que se define e se conceitua pela razão.

O amor não existe como valor absoluto ou então como fenômeno real. Nunca alguém viu, cheirou ou pegou o amor; o amor, se existente, é sentido duma forma única e finita. E tudo expressado pelos sentimentos apenas à emoção se torna tangível.

Amor é um sorriso de criança com seu olhar de esperança; é o trem que parte rumo ao desconhecido, levando sonhos e ilusões daqueles que ficam e daqueles que se vão. E o nada e o tudo, mas nunca o principio, sempre o fim.

O homem, afirmam alguns românticos e sonhadores, existe para amar, qualquer que sejam as formas como esse sentimento possa ser entendido. O amor é a própria cor e, apesar de não se ter como defini-lo, existe também conceituação, ainda que meramente retórica de seu antagonismo, o desamor.

Sartre coloca que algumas atitudes humanas como o desejo físico, a indiferença e o amor são de uma forma ou outra alguma modalidade de sadismo ou masoquismo, e todas estão fadadas a frustração, em última analise pelas mesmas razoes[118]. Querer ser amado é querer colocar-se para alem de todo o sistema de valores de outro e ser tornado como condição de toda valorização e o fundamento objetivo de todos os valores. A amante exige que o amado lhe sacrifique, em seus atos, a moral tradicional, e se preocupa em *saber se o amado trairia os amigos por ela, se roubaria por ela, se mataria por ela, etc*[119].

O amor dos amantes é aquela forma onde mais fortemente seu expressionismo se mistura a outros sentimentos, tornando-se praticamente

[118] *El Ser Y La Nada, op. cit.*

[119] *Ibidem, op. cit.*

impossível uma separação desses valores. É o amor da posse onde se deseja inicialmente, com bastante ardor, o corpo do outro, para em seguida possuir-se tambem a própria alma e os sentimentos. É o atirar-se numa busca de prazer indo-se ao encontro ao vazio, ao nada. *Eu te amo, eu te adoro* são os símbolos maiores dos amantes e, quando traduzidos, tornam-se objetos de possessão d'alma, permitidos e acalentados.

Sartre coloca que *o amante quer possuir liberdade como liberdade, num exercício contínuo de excitação da paixão do outro. Assim o amante pede um juramento e se arrufa com o juramento. Quer ser amado através de uma liberdade, mas exige que esta liberdade enquanto liberdade não seja mais livre. Não é o determinismo das paixões que desejamos no outro, no amor, nem uma liberdade fora do alcance: mas uma liberdade que representa o papel do determinismo das paixões e que acaba por enlear-se na própria representacão*[120]. O amor é, por sua própria natureza, um logro e um referimento ao infinito, de vez que amar é querer que o outro me ame.

Desejar o próprio desejo como se o desejo fosse arbítrio existencial é uma forma de se tentar fazer do amor a expressão de tantas outras coisas que transcendem a própria conceituação dos fatos.

Amor é a pureza melódica das *Cantatas* de Bach; é o esplendor dos *Concertos* de Mozart. O arrojo da música de Debussy. A ilusão de amar; é a vida e o sufoco da dor d'alma.

A vida ganha a dimensão do eterno quando o amor adquire as formas do pleno, do belo.

A conotação filosófica do amor, tendência da alma para se apegar aos objetos, remete-nos às vertentes bastante complexas quanto a sua conceituação e amplitude.

O objeto de apego da alma é por assim compreender e definir, a meta que determina os aspectos que possam envolver, ou então, ao contrario, enfeixar as razõess de toda uma existência. Quando um objeto é amado, intensamente amado, estabelece-se uma sintonia que busca levar ao encontro toda a propulsão existencial rumo a ele.

Ao determinar os objetos de deleite da alma, a existência determina também a não razão dos *porquês* que possam circunstanciá-la. O determinismo de escolha legado a certos objetos é o proprio sentido

[120] *El Ser Y La Nada, op. cit.*

da transparência dos fenômenos. E se somos a própria realidade dos fenômenos, o amor a determinados objetos fará com que esses sejam também parte dessa realidade. Se se concebesse formas de transcendência dos objetos para a própria realidade da existência, teríamos que fazer do amor à transparência capaz de transformar essa realidade ou ate mesmo de construí-la segundo parâmetros que não a realidade.

A realidade transcende sua própria conotação ao fazer da existência a busca de objetos aquém de sua própria transparência, mas sempre na direção ao ideal, ao supremo. A essência humana que determina a realidade da existência será a vertente em cujos tecidos se encontra a *razão* postergando a *não razão* o limiar dessa transcendência de escolha do objeto amado.

O amor são plantas que, ainda molhadas pelo aguaceiro, cintilam na presença do Sol. E o vagalume brilhando nas noites enluaradas, tentando seduzir o luar.

O amor é negado por algumas correntes da psicologia, as ditas científicas, por não possuir condições de ser definido operacionalmente. A ciência, como sustentáculo maior das estruturas sociais e que inclusive sedimenta o enfeixamento determinista de espoliação mercantilista e despótica, nega todo e qualquer fato e fenômeno que não tenha explicações a partir de sua lógica reducionista. Os cientistas transvestem-se do dogma de sumos sacerdotes; sacerdotes da moderna religião dominante, a ciência.

E, imbuídos que estão desse papel, tornam real o mito de que apenas o *conhecimento científico* é verdadeiro e real; somente aquilo que pode ser expresso quantitativamente ou formalizado, ou então expresso livremente em condições laboratoriais, pode ser o conteúdo de um verdadeiro conhecimento. O amor, a emoção, a beleza de um sorriso e outros sentimentos primários de prazer e dor são negados como conhecimentos validos e verdadeiros. O amor é negado mesmo porque não englobado em nenhuma teoria científica. Os homens através da ciência buscam valores absolutos para sua orientação através de sinais exteriores fixos.

A música, assim como o amor, existe ainda que não se tenha sensibilidade para escutá-la e apreciá-la. O amor embora negado existe de maneira absoluta, distinta da capacidade dos experimentos científicos percebê-lo[121].

[121] ANGERAMI, V. A. *As Relações de Amor em Psicoterapia*. Belo Horizonte: Artesã, 2018.

O amor há milênios, atravessa a dimensão do tempo e do espaço, transforma-se com as épocas, mas é sempre o indelével que deifica a existência humana. Algumas manifestações remetem-nos à outra conceituação distinta de nossa capacidade de compreensão para fenômenos semelhantes.

Ao se observar o comportamento dos animais nas florestas, pode-se perceber um relacionamento de afinidade em diversos tipos de convivência entre várias espécies. A proteção dada pelas mães aos filhotes assemelha-se àquela dada pelas mães humanas. O próprio sentimento de proteção de algumas espécies, quando atacadas por seus predadores, dá-nos, por outro lado, a dimensão de que a sobrevivência e a luta desenvolvida nessa direção são passíveis de uma redefinição do que seja o amor, enquanto manifestação e fenômeno eminentemente humanos. E mesmo o comportamento das pessoas diante das situações de flagelo e calamidade, comumente definidas como sendo solidariedade humana, na verdade, mostra uma das facetas mais lindas que o amor possui. A própria emoção presente nessas situações transcende a mais otimista das conceituações para transformar-se no entrelaçamento da condição humana diante do sofrimento.

O amor, quando vivido intensamente, deixa na alma marcas dilacerantes. E, por mais que possa ser questionada ou até mesmo dimensionada, a reminiscência de situações passadas torna aqueles momentos vividos no presente inócuos e desprovidos de significação. E o amor, amor que tudo supera, galopa como um cavalo que, solto nas pradarias, torna seu trajeto indefinível.

O amor é o acinte da pobreza de São Francisco de Assis diante da Igreja, dos papas revestidos pelo poder. São as palavras de Simone Beuvoir referindo-se à separação de Sartre: *Sua morte nos separa. Minha morte não nos reunirá. Assim é: já é belo que nossas vidas tenham podido harmonizar-se por tanto tempo.*

Amor é o sentimento que torna dócil e meigo o próprio ódio: nada, nem ser existente, resistem ao encanto de sua fragrância e magia. E como sentimento, sentimento capaz de dar formas concretas ao abstrato, é a própria esperança capaz de escorraçar o ódio dos corações humanos.

Vivemos a era da informática com os computadores robotizando a própria essência humana. As máquinas robotizadas em que o homem se transformou são dissolvidas apenas quando o amor é sentido em suas entranhas. E certamente sofreriam um processo de humanização se conseguissem abrir o coração para o desabrochar do amor. Amar é um verbo intransitivo apesar de muitas vezes ser definido como transitivo direto e até mesmo pronominal. Entretanto, o amor é maior do que todas as conceituações de definições que a linguística possa conferir-lhe. Amor e amar, palavras que se misturam e se fundem na imensidão do infinito e que se vividas intensamente tornam em azul o cinza do ódio.

TÉDIO EXISTENCIAL

Não posso dizer-lhe o que não daria para estar contigo em Baden, ao invés de ficar parado aqui. Por puro tédio, compus hoje uma ária para minha ópera.
(Wolfgang Amadeus Mozart)

O tédio existencial é um tema que surge de forma bastante pulverizada nos escritos existencialistas e talvez essa definição que usamos não seja de toda precisa e clara numa convergência direta com esses escritos. Tédio etimologicamente é definido como aborrecimento, desgosto, enfado, fastio.

O tédio existencial é uma temática bastante pertinente à reflexão do homem contemporâneo. Sem dúvida, e isso é inegável, o tédio existencial é um dos determinantes que mais sofrimento tem legado à existência, estando sempre presente, embora não necessariamente com esta definição, na prática psicoterápica. Sua inclusão assim no rol e temáticas existencialistas visa tornar constrita a reflexão sobre a realidade contemporânea da existência.

Para Schopenhauer, filósofo tido muitas vezes como pessimista, *a vida, oscila como um pêndulo entre a dor e o fastio que são de feito, os elementos que a constituem. A essência do homem é sempre querer, um querer, um aspirar sem fim, igual a uma sede que nada pode mitigar*[122]. Porém, segundo o filósofo, na

[122] SCHOPENHAUER, A. *O mundo como vontade e como representação*. Rio de Janeiro: Contrapontos, 2001.

ausência de objetos a desejar e na presença de uma satisfação demasiado fácil, o homem não mais oscilaria, acabaria acometido pelo sentimento de tédio, um vácuo espantoso que colocaria em sua existência um peso insuportável. Assim o tédio não se constitui no sofrimento e nem mesmo na alternância do prazer e seu contrário, mas na satisfação contínua, ininterrupta. Notem que aqui é usada a palavra *satisfação* e não prazer ou alegria, mas satisfação no sentido de: contentamento; prazer resultante da realização daquilo que se espera ou do se deseja. *O que ocupa e mantém em atividade todos os viventes é o desejo de viver. Mas uma vez assegurada à vida, muitas vezes as pessoas já não sabem o que fazer dela*[123]. Então, o tédio existencial basicamente pode ser definido como sendo aquela situação onde o homem sofre a dor de ver o tempo passar e não estar realizando o desdobramento de suas possibilidades existencialistas.

O tédio é, sim, o aborrecimento do mundo, o mal-estar de estar vivendo, o cansaço de se ter vivido; o tédio é, deveras, a sensação carnal da vacuidade prolixa das coisas. Mas o tédio é, mais do que isto, o aborrecimento de outros mundos, quer existam quer não; o mal-estar de ter que viver, ainda que outro, ainda que de outro modo, ainda que noutro mundo; o cansaço, não só de ontem e de hoje, mas de amanhã também, (e) da eternidade, se a houver, (e) do nada, se é ele que é a eternidade. Nem é só a vacuidade das coisas e dos seres que dói na alma quando ela está em tédio: é também a vacuidade de outra coisa qualquer, que não as coisas e os seres, a vacuidade da própria alma que sente o vácuo, que se sente vácuo, e que nele de si se enoja e se repudia.

(Fernando Pessoa, Livro do desassossego)

E de modo significativo podemos afirmar que um número cada vez maior de pessoas padece desse sofrimento, até mesmo em níveis orgânicos: a consciência de que as possibilidades da vida não estão sendo atingidas seja por dificuldades existenciais impostas socialmente, sejam pela própria falta de assumir tais possibilidades como fazendo parte de maneira inerente à existência.

Sartre no romance intitulado A Náusea[124] mostra a angústia de ser no personagem Roquentim. Esse, num instante crítico, torna-se cônscio de não ter tido aventuras, não por ter levado uma vida sem

[123] *Ibidem, op. cit.*

[124] SARTRE, J. P. *A Náusea*, Rio de Janeiro: Ed. Nova Fronteira, 1981.

brilho e cor, ao contrário, a monotonia não aconteceu em sua vida. No entanto, pelo fato de que o conceito de aventura era algo diferente do que vivia, conceito de narrativas, e algo distante da própria vivência. Seu tédio é desolador e sua existência atinge o hiato do existir e o conceito das coisas.

E a questão da *superfluidade* da existência e do conceito das coisas é colocada de forma constrita: *Supérflua a Velleda: E eu mesmo – mole, fraco, obsceno, digerindo, jogando com pensamentos sombrios – eu também sou supérfluo*[125].

O tédio existencial torna-se avassalador diante desses questionamentos. A existência de cada coisa, inclusive a humana, é superflutuantemente desnecessária: esta conotação possui igualmente sentido dúbio. Ao mesmo tempo em que a existência carece de sentido e nos atira ao encontro da absurdidade da vida, também nos leva de encontro ao fato de que, ao superarmos o tédio existencial que nos corrói, estamos buscando novos horizontes que nos tornam seres excelsos e decididamente humanos no sentido mais amplo do termo.

A falta de sentido para a existência é que nos leva, em última análise, àqueles atos fulminantes em que a morte é instantânea.

Impossível excluir o tédio. Ele não é uma entidade que vem de fora e se instala em nós. Como você lida com ele é outra questão. Pode ouvir seus avisos e partir para a ação ou deixar que ele se instale como uma neurose. Para uns o tédio existencial vai significar o aniquilamento, a corrosão lenta e doída da própria solidão, para outros foi o último aviso que os levou à libertação e ao crescimento.

O tédio existencial leva muitas pessoas a um sofrimento e nem a própria sintomatologia supera os limites do conhecimento. Quando alguém diz *estou angustiado*[126] é importante exclarecer o que está sentindo. O medo, a depressão, os sintomas físicos (gastrite, tonturas, taquicardia) associados ao que essa pessoa identifica como angústia, pode ser a expressão do temor do futuro, da sua falta de perspectiva, da sensação de estar sendo aniquilada pela vida, do desinteresse generalizado, da incapacidade de enfrentar a morte, de tudo isso junto[127].

[125] *Ibidem, op. cit.*

[126] *Angústia e Psicoterapia, op. cit.*

[127] *Solidão. A Ausência do Outro, op. cit.*

O tédio existencial está a exigir das ciências do comportamento uma definição mais precisa sobre uma ocorrência. Somente assim o paciente poderá ser compreendido de uma forma mais abrangente. O desprezo e o sofrimento provocado pelo tédio é tão insólito quanto a negação de sua ocorrência[128].

É através do tédio existencial que a própria existência se angustia e se torna desesperadora diante da condição de homem contemporâneo, dor, sofrimento, expoliação mercantilista, fome, miséria e outras tantas impossíveis de ser enumeradas, mas que se tornaram possíveis pela condição degradante que o homem se impôs a si[129].

Por ser inerente a condição humana, o homem se sente impelido a encontrar saídas para o tédio. Segundo Schopenhauer, isso faz com que *seres que tão pouco se amam como os homens, se procurem, todavia, com ansiedade*[130]. Assim, o tédio se torna um motor para sociabilidade. Tal fato não foi ignorado pelos detentores do poder que tomam medidas públicas para se precaverem de calamidades decorrentes do tédio, buscando formas de entreter as pessoas, formas de *matar* o *tempo,* isto é, de fugir ao fastio. *É preciso dar ao vulgo panem et circenses, já dizia Vespaziano* há mais de dois mil anos[131].

Contudo, a arte torna-se uma grande arma contra o marasmo, essa é a recomendação feita por Nietzsche em Assim Falou Zaratustra[132] enquanto o personagem dizia: *Ai! tédio! tédio! tédio!* Assim falava Zaratustra, suspirando e estremecendo, porque se lembrava da sua doença. Os seus animais, porém, não o deixaram prosseguir. *(...) Sai daqui; vem para onde o mundo te espera como um vergel. (...) Anda para o lado das roseiras, das abelhas e dos bandos de pombas! E especialmente para o lado das aves cantoras, para lhes aprenderes o canto! (...) Ter que cantar de novo: é este o consolo que inventei para mim; eis a minha cura*[133].

[128] *Ibidem, op. cit.*

[129] Ou ainda na citação filosófica de Plauto: *O homem é o lobo do homem.* E mesmo Freud, em seu trabalho *O Mal na Civilização* mostra uma imagem de tal modo pessimista do homem que torna os existencialistas otimistas: *Enfim, de que nos vale uma vida longa se ela se revela difícil e estéril em alegrias e tão cheia de desgraças que só a morte é por nós recebida como uma libertação.*

[130] SCHOPENHAUER, A. *O mundo como vontade e como representação. Op. cit.*

[131] *Ibidem, op. cit.*

[132] *Assim Falou Zaratustra. Op. cit.*

[133] *Ibidem, op. cit.*

CULPA

Você chama de violenta as águas de um rio
que tudo arrastam;
mas não chama de violenta as margens
que o aprisionam.
(Bertold Brecht)

Assim como a solidão e angústia, a culpa é outro tema trazido à luz das discussões pelos existencialistas como sendo ontológico, ou seja, pertencente ao ser como tal, não constituindo, portanto, um sintoma específico. A culpa se apresenta quando o homem questiona a realização de suas possibilidades existenciais; quando renuncia à sua liberdade humana.

A culpa também se faz presente quando enfrentamos outros homens sem respeito à sua condição humana; quando coisificamos nosso semelhante aniquilando suas possibilidades existenciais. A culpa ainda é presente quando dimensionamos nossa responsabilidade social.

É inegável que a culpa se relaciona com o campo das questões éticas, surge das relações humanas, portanto, é presumível que se vivêssemos sós nunca experimentaríamos o sentimento de culpa. No entanto, na construção destas reflexões já reconhecemos a culpa como um sentimento e ao mesmo tempo admitimos a impossibilidade de estarmos sós no mundo, logo todas as pessoas vivenciam em algum momento da vida um sentimento de culpa.

Por ser um sentimento, a culpa se origina dentro do ser, oprime este a ponto de ser impossível de ignorá-la. Surge como algo inescapável à razão, difícil de controlar e até mesmo de contornar, já se torna em si uma espécie de punição para quem cometeu o erro.

Podemos observar que a culpa é um sentimento presente no cotidiano das pessoas, ela pode tornar-se o motor que impulsiona uma vida, como também o combustível que a consome. Vemos no dia a dia da clínica pessoas que movidas pelo sentimento de culpa projetam uma vida a reparar um erro e pessoas que sucumbem ou se matam por um sentimento de culpa.

Por se tratar de uma questão inerente a existência humana, a culpa é termo recorrente em teorias psicológicas. Diversos autores, de psicanalistas a cognitivistas, tratam do tema, porém é na literatura existencialista de Fiodór Dostoievski que talvez o tema ganhe maior destaque. No romance *Crime e Castigo*[134] o autor traz uma leitura profunda da alma humana demonstrando a construção do processo interno pelo qual passa o protagonista até ser dominado completamente pela culpa, e como esta se torna seu castigo, ou melhor, seu autoflagelo.

No entanto, é necessário distinção entre a culpa ontológica e o sintoma decorrente de não ser assumida como tal. Nesses casos, teremos a transformada num sintoma ou patologia.

Boss[135] discorre sobre a culpa em contraponto com os escritos psicanalíticos: *Mas a culpabilidade ainda permanece. Será que também ela, como a angústia, pode ser superada? O que é que ela propriamente deve em todos estes milenares sentimentos de culpa padronizados e patológicos, no sentimento de culpa da criança diante dos pais e dos professores, nos adultos em seu relacionamento com o próximo, com o estado, com Deus, com o destino, com a vida? E quem é o credor específico destas culpabilidades*[136]*?*

E após discorrer sobre a temática, Boss define a convergência da temática: *Em outras palavras, de acordo com nossa percepção imediata, o ser humano se mostra como sendo aquele ser do qual o nosso mundo precisa, como o âmbito de claridade necessário para poder aparecer, para poder ser. Justamente é este deixar-se-necessitar, e nada mais, que o ser humano deve àquilo que é e que há de ser. É por isso que todos os sentimentos de culpa baseiam-se neste ficar-a-dever; se os senhores quiserem, é a culpabilidade existencial do ser humano*[137].

FÉ

Acreditar
É ofício da ilusão...
(VALDEMAR AUGUSTO ANGERAMI)

[134] DOSTOIEVSKI, F. *Crime e Castigo*. São Paulo: Editora 34, 2004.

[135] BOSS, M. *Angústia, Culpa e Libertação*, São Paulo: Ed. Duas Cidades: 1977.

[136] *Ibidem, op. cit.*

[137] *Ibidem, op. cit.*

A *fé* é um tema recorrente tanto no existencialismo ateu quanto no teista, autores como Sartre e Camus, mesmo assumidamente ateus abordaram em seus textos questões sobre a *fé*, pois reconhecem o papel da *fé*, das religiões e da espiritualidade em nossas sociedades e assumem que o tema é inerente a existencia humana.

A necessidade de resgatar o tema da *fé* e colocá-la ao mesmo nível dos demais tópicos inerentes a condição humana se faz necessário devido sua importância nos dias atuais. A sabedoria popular diz que a fé move montanhas, contudo, na contemporaneidade a *fé* move montanhas de dinheiro, pois a simples menção da palavra *fé* desperta o interesse em muitas pessoas. E decididamente em um mundo desesperançado todo e qualquer alento que traga uma nova perspectiva de vida é usado para atrair os incautos e extrair além de vultosas quantias pecuniárias até mesmo sua dignidade existencial.

Na verdade, discorrer sobre a fé tem por intuito resgatar os primordios do existencialismo e seu contexto histórico. Para isso é necessário recorrer às ideias de dois autores essenciais para a compreensão da corrente filosófica denominada por existencialismo, ambos viveram no século XIX e são tidos como precursores do movimento, são eles Soren Kierkegaard e Frederich Nietzsche.

O século XIX é marcado por um colapso da autoridade racionalista consequencia da decepção frente à arrogância da razão. O reconhecimento racional na acepção da generalidade de pressupostos não é uma base suficiente para comprender ou explicar a vida humana. Kierkegaard *vai* dizer que somente os jovens e os loucos se gabam de que tudo é possivel, mas sempre acabam por constatar que no mundo do finito há muitas coisas que são impossiveis[138]. Nietzsche corrobora trazendo a ideia de que a ciência não é sufiente para dar conta da existencia humana. Assim, ambos os pensadores têm em comum uma crítica do pensamento racionalista e uma volta para o indivíduo.

Quando falamos de Existencialismo, sempre citamos Kierkegaard e Nietzsche como os precursores dessa filosofia, mas as citações muitas vezes param por aí, seus papéis às vezes são limitados à influencia que exerceram em outros autores, dificilmente encontramos textos que aprofundam as

[138] KIERKEGAARD, S. *Temor e tremor*. São Paulo: Abril Cultural, 1979.

ideias de Nietzsche e Kieekegaard associando-as ao existencialismo. Devemos lembrar, porém, que seus escritos permaneceram sem validade por longo tempo na história da filosofia e que sua importância foi crescendo a partir do século XX. E se hoje, Nietzsche é descrito como o filósofo da Pós- Modernidade essa importância se deve aos estudos e citações de filósofos como Sartre, Heidegger, Foucault; só pra citar aluguns. Contudo, nos dias de hoje tanto Nietzsche quanto Kierkegaard tornaram-se extremamente populares a ponto serem citados no cotidiano das pessoas.

No entanto, popularidade não é sinônimo de aprofundamento teorico e tampouco de compreensão. Hoje ouvimos as pessoas falarem de *salto de fé* sem ter idéia de que se trata de um conceito Kierkegaardiano, tampouco se dão conta de citar Nietzsche ao usar a expressão popular *o que não mata, engorda* sem mesmo ter noção de que esta se deriva de um aforismo nietzschiano, *aquilo que não te mata, te fortalece.*

Não é tarefa facil encontrar semelhanças entre as filosofias de Nietzsche e Kierkegaard, ambos construiram ideias conflitantes entre si, mas que se aproximam devido sua importância histórica, pois ambos quebraram a linha tradicional do pensamento ao optarem por não seguir a abordagem sistemática da filosofia como seus predecessores o fizeram. A seriedade da filosofia para com a vida presente tanto em Nietzsche como em Kierkegaard nos ensina algumas lições. Não lições como pressupostos básicos, principios universais e nem mesmo uma visão de mundo, mas o ensinamento mais importante consiste numa atitude em relação as pessoas, de pensar e refletir sobre a existência. Contudo tentaremos utilizar o tema da fé como ponto de interseção entre esses dois filósofos extremamente importantes nos dias atuais.

Tanto Kierkegaard quanto Nietzsche se dedicaram a uma análise profunda da cultura e da sociedade de sua época e dessa análise reconheceram o colapso da religião ocidental. Se para Kierkegaard Deus não existia mais na religião de sua época, para Nietzsche Deus estava morto no cotidiano das pessoas. Kierkeggard via certo afrouxamento da fé religiosa, dizia ele *que em sua época, na Dinamarca todos são cristãos, o caminho é tão amplo quanto possível, a religião já é a maneira pela qual todos caminhamam, mas o caminham por conveniência, por conforto*[139]. Ele denunciava

[139] KIERKEGAARD, S. *Attack Upon Christendom*. Versão digitalizada, 2017.

que a prática religiosa havia assumido um carater meramente social. *O portão é tão amplo quanto possivel, mais amplo certamente um portão não pode ser mais do que aquele através do qual todos nós estamos indo em massa*[140]. Por outro lado, Nietzsche se orgulha em dizer que *o que me diferencia, o que o põe à parte de todo o resto da humanidade, é ter descoberto a moral cristã*[141]. Mas se para Kierkegaard o problema consiste na perda da fé, para Nietzsche não faltam criticas a fé religiosa em si. Para o filósofo alemão o Cristão foi, até agora, *o ser moral, uma curiosidade sem igual – e, como ser moral, mais absurdo, mais mentiroso, mais vaidoso, mais frívolo, mais prejudicial para si mesmo do que também o poderia sonhar para si mesmo o maior desprezador da humanidade*[142]. Nietzsche completa dizendo que *a moral cristã é a mais maléfica forma da vontade de mentira, a genuína Circe da humanidade: eis o que a corrompeu*[143].

A sensação de falta de sentido existêncial é o ponto de partida para o pensamento de Kierkegaard e Nietzsche. Mas apesar de chegarem a conclusões semelhantes acerca da religião, os dois filósofos propuseram abordagens e caminhos diferentes para tratar o problema.

Kierkegaard, o primeiro existencialista propriamente dito, nunca deixou de se interrogar e de analisar a si próprio. Para ele, *a filosofia resumia-se em tomar consciência das exigências absolutas feitas a qualquer pessoa que queira viver uma existência verdadeiramente autêntica*[144]. Ao exercer sua liberdade o homem se depara com a angústia de assumir a responsabilidade por suas escolhas, se depara também com a realidade de que não há caminho certo a seguir, nem mesmo na religião. O homem na sua finitude se depara com um grande abismo que o separa da infinitude de Deus. A angústia é a vertigem diante deste abismo e, o desamparo diante desse grande abismo tira todo sentimento de segurança.[145]. E não há caminho certo a percorrer nem atalho a seguir, é preciso trilhar o próprio caminho. Para Kierkegaard, a religião não oferece mais segurança e nem mesmo um guia de conduta que sirva para todas as pessoas. O

[140] *Ibidem, op. cit.*

[141] NIETZSCHE, F. W. *Ecce Homo*. São Paulo: Companhia das Letras, 2000.

[142] *Ibidem, op. cit.*

[143] *Ibidem, op. cit.*

[144] KIERKEGAARD, S. *Diário de um Sedutor; Temor e Tremor; O Desespero Humano* (Doença até a Morte). São Paulo: Abril Cultural 1979.

[145] *Ibidem, op. cit.*

filósofo dinamarquês viu o problema do colapso da religião como uma oportunidade de renovação da fé cristã, mas desta vez uma fé individual e autêntica, porém esse processo não se dá instantaneamente, é necessário passar por estágios em direção a uma emancipação.

Kierkegaard propoe uma volta para Deus, que acontece em um processo com etapas, ou mais precisamente, três estágios: O Estágio Estético, o Ético e o Religioso. No primeiro estágio a existência é caracterizada como principio do prazer, onde o individuo é dirigido pela satisfação de seus desejos. Esta atitude é superada com a reflexão, o homem toma consciência das alternativas do bem e do mal e alinha sua vida em princípios gerais de moralidade. A transição para a forma ética do ser não ocorre de maneira contínua, mas por saltos, uma ruptura radical com a definição anterior. Assim, outro salto é necessário para passar da ética para a vida religiosa, nesse estágio o individuo não é mais guiado por principios racionais, mas passa a confiar em Deus. Aqui, deve-se aceitar o paradoxo de que o único caminho para a autenticidade do homem leva a sua dependência de Deus. O homem assume sua resignação infinita que implica *o repouso, a paz e a consolação no seio da dor, (...) toma* consciência do seu valor eterno, e só então se pode alcançar a vida deste mundo pela fé[146]. A resignação infinita é o último estágio que precede a fé. *Deve saltar para a fé, aceitando o absurdo da exigência divina e concordando com uma suspensão do ético, em favor do religioso*[147].

Em diversos trechos de suas obras, Kierkegaard utiliza de linguagem metafórica própria dos autores existencialistas que o sucederam, fala do *homem a beira do abismo* para trazer temas como o medo, a ansiedade e a angustia; em outros momentos fala sobre o *absurdo* do conceito de infinitude que só pode achar solução na *fé*, com efeito. O movimento da fé deve constantemente efetuar-se em virtude do absurdo. A solução de Kierkegaard é, *portanto, uma transformação de toda a pessoa, com base na fé em Deus* e abandono da razão terrestre.

A fé é a mais alta paixão de todo homem[148]. E ao contrário do senso comum acerca da fé ser reservada as naturezas incultas, Kierkegaard afirma

[146] *Ibidem, op. cit.*

[147] *Ibidem, op. cit.*

[148] *Ibidem, op. cit.*

que *a dialética da fé é a mais sutil e notável de todas; tem uma sublimidade de que posso ter uma ideia, mas não mais que isso*[149]. A fé em algo transcende é a proposta de salvação para o desespero que acomete a todos. Diante do abismo *é necessária uma coragem puramente humana para renunciar a toda a temporalidade a fim de ganhar a eternidade*[150].

Também como existencialista Nietzsche critica todas as verdades absolutas e os valores absolutos trazido com a tradição religiosa que para ele serviram somente para mergulhar as pessoas num vazio. Se *Deus está morto* e a lacuna deixada por ele tampouco pode ser preenchida com a crença positivista na ciência e na razão; sobra somente a descrença e o niilismo do qual Nietzsche acredita ser chamado a superar. No entanto, sua proposta de superação do niilismo não remete a um retorno à verdadeira fé em Deus, assim como propoe Keierkegaard, mas justamente a sua superação.

Com a morte de Deus cada individuo é compelido a assumir seu lugar, a criar seus próprios valores, mas antes é necessário passar por transformações. Temos, então, uma das características marcantes da filosofia nietzschiana, o uso da arte para demonstrar seus conceitos filosóficos, a metáfora das três transformações que *vos menciono: como o espírito se muda em camelo, e o camelo em leão, e o leão, finalmente, em criança.* A criança, última transformação do espirito *é a inocência, e o esquecimento, um novo começar, um brinquedo, uma roda que gira sobre si, um movimento, uma santa afirmação*[151]. *Sim; para o jogo da criação,* pois é preciso à superação da fé em Deus e também a superação dos idealismos, *é preciso uma santa afirmação: o espírito quer agora a sua vontade, o que perdeu o mundo quer alcançar o seu mundo*[152].

A criação de novos valores é uma tarefa sobre-humana, o homem emancipado é desafiado a dar significado a sua própria vida, mas para isso o homem deve ir além, deve se superar. Assim, Nietzsche deposita toda sua *fé* no homem, ou melhor, no *além-homem* que para o filósofo o *é o sentido da terra. Diga a vossa vontade: seja o Além-homem, o sentido da terra*[153]. *Noutros tempos, blasfemar contra Deus era a maior das blasfêmias;*

149 *Ibidem, op. cit.*

150 *Ibidem, op. cit.*

151 *Assim Falou Zaratustra.* Op. cit.

152 *Ibidem, op. cit.*

153 *Ibidem, op. cit.*

mas Deus morreu, e com ele morreram tais blasfêmias. Agora, o mais espantoso é blasfemar da terra (...) Amo os que não procuram por detrás das estrelas uma razão para morrer e oferecer-se em sacrifício, mas se sacrificam pela terra, para que a terra pertença um dia ao Além-homem[154].

Curiosamente, assim como nos escritos de Kierkegaard, a metáfora acerca do *abismo* aparece com frequência nos livros de Nietzsche, mas esse por sua vez não propõe um *salto de fé*, mas a travessia, a transposição. Nietzsche diz que o *Além-homem é uma corda sobre um abismo,* diz também *que o grande do homem é ele ser uma ponte, e não uma meta; o que se pode amar no homem é ele ser uma passagem e um acabamento (...) Eu só amo aqueles que sabem viver como que se extinguindo, porque são esses os que atravessam de um para outro lado*[155]. Para Nietzsche, não há mundo além deste, há apenas o mundo que conhecemos e no qual vivemos; assim, os pontos principais de sua filosofia consite na afirmação da vida presente, no amor a este mundo e na crença de que o homem é capaz de individualmente trilhar seu próprio caminho, dizia: *Ninguém pode construir em teu lugar as pontes que precisarás passar, para atravessar o rio da vida – ninguém, exceto tu, só tu*[156].

Existem, por certo, atalhos sem números, e pontes, e semideuses que se oferecerão para levar-te além do rio; mas isso te custaria a tua própria pessoa; tu te hipotecarias e te perderias. Existe no mundo um único caminho por onde só tu podes passar. Onde leva? Não perguntes, segue-o![157].

É inegavel a importância de Kierkegaard e Nietzsche para a história do pensamento contemporâneo. Ambos se opõem a razão moderna que pretende enquadrar o homem num pensamento autoritário e instrumental, porém cada um combate a sua maneira. O primeiro prega o retorno a Divindade, o segundo anuncia a morte de Deus; enquanto Kierkegaard prega que a vida precisa ser guiada para o infinito, para o paraíso, Nietzsche valoriza a vida nesta realidade e o amor a terra. Contudo os dois filósofos reconhecem ser necessário o afastamento da verdade objetiva e aproximação de verdade subjetiva.

[154] *Ibidem, op. cit.*

[155] *Ibidem, op. cit.*

[156] *Ibidem, op. cit.*

[157] *Ibidem, op. cit.*

FELICIDADE

Felicidade é uma pipa
leve e solta no ar...

Felicidade é outra temática que a partir do pensamento existencialista ganhou novas formas e contornos. E de uma mera abstração começou a ser dimensionada de maneira profunda e abrangente.

Felicidade é a ausência do desprazer. Ser feliz é o que todo ser existente deseja.

A felicidade, no entanto, está cada vez mais distante do alcance humano. Parece ser permitida apenas e tão-somente às crianças, na medida em que existe toda uma propulsão social no sentido de levá-las ao seu encontro; o adulto parece não mais ter direito a ela.

O sentido de vida do adulto, na quase totalidade das vezes, é a realização profissional com que se empenha durante grande quantidade de tempo da existência.

A pura sobrevivência, para outras tantas pessoas, é a única condição cabível de realização.

Numa sociedade, onde a maioria da população gasta cerca de seis horas diárias para locomover-se de suas casas até o local de trabalho e quase sempre num total desconfronto, a discussão da temática que envolve aspectos inerentes à felicidade, parece desprovida de propósito e sentido.

É um acinte ouvir celeumas que envolvem a questão sobre o prazer quando existem tantas pessoas envolvidas na mais degradante das misérias, além de outras tantas situações inconcebíveis de aviltamento à dignidade humana.

Felicidade é uma temática que parece não ter espaço nas discussões das necessidades do homem contemporâneo. A sobrevivência está cada vez mais difícil e torna indelével tudo que não remeta às discussões da espoliação mercantilista a que o homem contemporâneo está submetido.

Parece até redundante discutir-se sobre o prazer quando o sofrimento aniquila todos os ideais humanos. A simples observação de um trem de subúrbio levando pessoas esmagadas entre si rumo aos seus locais de trabalho, abre ao nosso campo perceptivo a ideia, errônea, de que aquele grupo àpenas trabalha numa luta acachapante pela pura sobrevivência.

Torna-se praticamente inconcebível acreditar que aquelas pessoas ainda encontrem algum prazer em suas existências. E, apesar de tudo, o povo sorri; sorri na esperança de dias melhores; sorri na dimensão que os remete ao infinito; sorri diante de prezeres comezinhos trazidos pela vida.

Noutra forma de análise, que nos remete a observar pessoas que apressadas nos centros das grandes cidades trazem a expressão da angústia e sofrimento estampada nos semblantes, igualmente dá-nos a dimensão que não mais existe lugar para a felicidade no mundo contemporâneo.

A angústia humana, cada vez mais cáustica, está aliada à degradação humana imposta pelas adversidades econômicas das sociedades contemporâneas. As pessoas estão cada vez mais avassaladas com o espectro da solidão; a angústia parece adquirir uma dimensão irreal diante do sofrimento. Viver parece tornar-se um peso insuportável para um número cada vez maior de pessoas.

A ansiedade frente às incertezas dos sistemas sócio-políticos é, seguramente, um dos indícios da forma e dimensão que toma as agruras da, existência do homem contemporâneo. Existem muitas formas de sociedade que remetem a ótica das discussões para a organização material buscando-se, assim, formas de realizações iminentemente humanas. O homem contemporâneo busca suas realizações na estruturação material, sem ao menos perceber que esse tipo de realização não preenche o seu vazio interior.

O tédio existencial caminha distante dos bens materiais, não permitindo complementaridade por si, nessa justaposição de fatos e valores.

Basta evocar os E.U.A., por exemplo, para uma análise desse distanciamento. Constituem-se numa sociedade altamente evoluída no tocante ao desenvolvimento material e científico.

As ciências possuem uma evolução ímpar: tanto as ditas naturais como as exatas, a performance demonstrada apresenta evolução em todos os níveis passíveis de questionamento.

No entanto, as pessoas que compõem essa *sociedade evoluída* apresentam a mesma insatisfação e tédio existencial de outros cantos e países. Sua evolução tecnológica não traz o preenchimento do vazio de seus corações.

O homem nasce e existe para desenvolver-se a partir de suas realizações, dando assim sentido e significação para sua vida. O apego e busca do desenvolvimento material aniquilam essa possibilidade existencial. O sentido das realizações humanas esbarra na divergência da plenitude de seus ideais mais sublimes quando se envolve nas realizações materiais.

O homem ilude-se buscando empreendimentos materiais acreditando que irá, concomitantemente ao enriquecimento material, desenvolver-se em sua plenitude existencial. E apesar de ser cantada em prosa e verso em todos os escritos humanos, felicidade não tem como adquirir formas concretas diante da ilusão nascida no seio do sofrimento humano.

Alguns afirmam que a felicidade é a meta suprema da existência humana. Outros, poeticamente, afirmam não existir felicidade e sim momentos felizes. E, desde as conceituações filosóficas mais eruditas e complexas até as afirmações mais simplórias e chulas, a felicidade parece revestir-se do ideal supremo que norteia a existência humana.

A própria solidão, espectro maior do homem contemporâneo, é vista como sendo algo que finda com os chamados momentos felizes. A própria dimensão dada pelo homem na sua busca em direção ao prazer o leva de encontro a limites ilusórios e irreais de sua condição humana.

O tédio existencial legado ao homem pelas vicissitudes das sociedades modernas faz com que esse busque, de forma cada vez mais afoita, algo que possa suprir o vazio existencial de seu coração.

A felicidade é uma forma de ser indelével que, embora buscada de forma incessante, não tem modelos estanques de estruturação.

A essência da felicidade pode ser definida como sendo aquela exuberância capaz de prover esperança e ilusão à existência humana. A própria forma automatizada como vivem os habitantes das grandes cidades e assim por dizer a quase totalidade dos seres existentes é quebrada pela ilusão que a busca da felicidade acena.

A miséria estampada ao longo das favelas existentes nas grandes cidades é a estampa maior das desigualdades existentes no seio das sociedades capitalistas; seus habitantes vivem da maneira mais degradante possível, e sem apresentarem indícios do conforto material existente nessas sociedades. Sua gente é sofrida, e padece na pele as agruras do despotismo financeiro.

O mundo dos homens com sua estruturação em países e sociedades praticamente é dominado por um número bastante reduzido de pessoas.

Todos capitalistas, no mais lato sentido do termo, e que, investindo além das fronteiras, determinam a própria estruturação política das sociedades onde atuam.

O poder que detêm é absurdo e dantesco; de suas decisões são ocasionadas muitas degradações e flagelos à humanidade.

Esse poder, no entanto, não os torna felizes; o acúmulo de riquezas materiais não consegue trazer-lhes alívio para seus devaneios existenciais. E apesar de deterem entre si o poder decisório de toda a humanidade, não conseguem seguramente a ilusão da felicidade.

Os depoimentos desses poderosos levam-nos ao debruçar de fatos que, ao serem deparados entre si, mostram que ao mesmo tempo em que degradam milhares de pessoas pela espoliação capitalista se degradam igualmente pela fúria inusitada do poder.

A própria análise feita sobre a propulsão que leva determinadas pessoas a buscarem o poder de forma tão selvagem torna-se inócua, quando nos remete a vertentes que mostram que esses poderosos são extremamente infelizes; são corroídos pelo tédio existencial com a mesma intensidade com que corroem a dignidade existencial de milhares de pessoas, subjugando-as ao aviltamento da condição mercantilista de suas forças de trabalho.

É possível que aquelas pessoas submetidas a viverem sua existência no seio de uma favela tenham mais sentido de vida e ilusão de irem ao encontro da felicidade.

A própria consciência dos fatos possuída pelos poderosos faz com quê esses promovam o embotamento de consciência do oprimido, criando-lhes a ilusão de que a felicidade é algo diretamente associado à aquisição de bens materiais de consumo. Uns, infelizes, pela degradação humana em que vivem, e outros pela total falta de perspectiva de uma existência sem o ódio e a violência inerentes ao poder que detêm.

As seitas místicas e as religiões acenam para seus fiéis e seguidores, acenos permeados com promessas de que em suas lides e verdades se encontra a tão almejada felicidade. Buscam na salvação eterna a promessa de uma vida eterna feliz.

O surgimento de um número tão grande de seitas místicas mostra claramente o quanto o homem está desesperançado e infeliz em seu modo de vida.

A ilusão na felicidade eterna consegue não apenas aliviar as agruras da existência, como também tornar suportável a vida materializada e coisificada imposta pela tecnocracia moderna.

A filosofia de vida pregada pelas seitas místicas, na sua quase maioria, embora apresente propostas de resignação frente à transformação social, consegue fazer com que seus seguidores espiritualizem a própria materialização coisificante em que esses vivem.

Um dos pontos marcantes dessas seitas e religiões é a afirmação de que Deus é a totalidade universal, estando presente em toda parte, corporificando a totalidade do Universo.

No entanto, são erigidos grandes templos de adoração e que, quase sempre, são ornamentados com todos os bens materiais propiciados pelo *capital*. É proposta uma espiritualização e um desapego à posse material, mas oficializam seus rituais em templos suntuosíssimos. E tudo em nome da felicidade eterna, o bálsamo cicatrizante de tantas desventuras e sofrimentos existenciais.

As seitas místicas e religiões parecem ser as únicas instituições que trazem à tona a discussão sobre a felicidade, tornando-a, no entanto tangível apenas em discussões cujas vertentes nos remetem à vida eterna. Outras realizações humanas passam a ser consideradas como condição de desenvolvimento terreno perdendo importância diante da felicidade eterna.

Um número muito grande de pessoas renuncia a suas vidas, cerceando inúmeras possibilidades existenciais almejando única e tão somente a sonhada felicidade do além-mundo.

O homem busca a felicidade sem, entretanto, saber-lhe a forma e a essência. A própria essência e a divergência do *vir-a-ser* feliz mostra de forma bastante clara que a felicidade é muito mais uma questão filosófica do que qualquer outra conotação que lhe possa ser dada.

O homem existe em convívio direto com seus semelhantes, fato que muitas vezes determina que a conceituação de felicidade existe, a partir de outrem.

Felicidade, nesses casos, é um processo de complementaridade e o sofrimento legado a essa situação é iminente quando existe quebra de continuidade nesse processo.

É necessário ao homem, num mundo que padece todos os níveis possíveis de sofrimento e desespero, criar condições que permitam a felicidade na dimensão de uma sociedade mais justa e humana, onde todos possam ter a pureza do sorriso de crianças, sem associar felicidade com aquisição de bens materiais de consumo ou posse desvairada de riquezas materiais.

Felicidade é algo como o desdobrar duma intensa emoção; é o arrebatamento capaz de deificar as realizações humanas, colocando-as num nível superior à coisificação imposta pela tecnocracia.

No entanto, felicidade é uma possibilidade que se contrapõe ao *vir-a-ser,* condição inerente à existência humana. O homem, na medida em que é um contínuo *vir-a-ser,* um sempre *poder-ser* e com a possibilidade de um *ainda-não,* tem na felicidade um de seus anseios idealizados, não à luz da razão que determina outras possibilidades da existência, mas no circunstâncial de uma emoção que o faz buscar a felicidade sem saber-lhe a forma e os determinantes.

O sentir de uma intensa emoção dá ao homem o indelével que transforma essa emoção em fragmento de momento que, seguramente, será definido como feliz. E, apesar de toda celeuma existente que a torna indelével, a felicidade é acenada no seio das promessas que envolvem a construção de um mundo menos despótico e sem o arbítrio do totalitarismo.

O trem de subúrbio, que corre nos trilhos levando milhares de pessoas em busca de uma sobrevivência acintosa diante dos preceitos de dignidade humana, atravessa célere o rio do tempo em cujo leito padece a emoção e o anseio de felicidade dessas pessoas.

O trem carrega em seus vagões um número absurdo de pessoas que sequer possuem consciência de outras possibilidades existenciais que não a exploração aviltante e mercantilista de sua força de trabalho. E o mesmo rio do tempo, que o trem atravessa, também mostra através dos meios de comunicação a imagem contemporânea da felicidade: um alto nível de consumismo que vai além da percepção...

As utopias sociais, por outro lado, mostram-se vulneráveis diante dos questionamentos de realização e felicidade das pessoas que fazem parte de suas estruturas.

As sociedades se mantêm estruturadas a partir do arbítrio de seus governantes; o círculo de pessoas que se levanta em protesto contra o aniquilamento da dignidade humana é calado de todas as formas.

As prisões estão repletas de rangidos de sofrimento das torturas a que são submetidos os presos políticos. A felicidade, nesse caso, reveste-se da performance da justeza e fraternidade existencial.

Os justos que clamam por uma vida mais digna e feliz para os seus semelhantes são açoitados e agrilhoados em seus ideais. E, desgraçadamente, todas as utopias sociais, sejam elas capitalistas ou socialistas, carecem de sentido na promoção de uma vida feliz e satisfatória.

Os defensores das utopias chamadas indevidamente de socialistas são obrigados a calar-se diante dos abusos cometidos pelos governantes dessas sociedades, fato que se repete na mesma dimensão com os defensores das utopias capitalistas.

Os socialistas acusavam os capitalistas pelas barbáries cometidas pelo Fascismo e mais recentemente pelo Imperalismo Americano. Atiram pedras ao Imperalismo Americano pelas torturas, espoliação e outros tipos de atrocidades cometidas na América Latina em nome da *paz social* e da felicidade do povo.

Mas, certamente, teriam de se calar ou atirar pedras com a mesma intensidade diante de atos como a invasão soviética no Afeganistão. Ou, então, o que dizer diante dos dissidentes soviéticos presos na Sibéria?! Ou até mesmo da implosão do leste europeu?

As utopias sociais não têm como manter-se diante dos fatos e da análise da realidade.

Ser feliz é uma possibilidade, por outro lado, que coloca a morte como possibilidade única e isolada da existência humana e da qual todo ser existente terá de abrir-se numa forma arrebatadora para vivenciá-la, como determinante de antagonismo.

E como a felicidade pode ser considerada uma possibilidade inerente à existência, se essa mesma existência, concomitantemente, também apresenta a possibilidade do ato de morrer?!

O ato de morrer presente na existência humana não se isola na possibilidade da morte de uma dada pessoa, isoladamente; ao contrário, estende-se a todo o círculo de pessoas que de alguma forma pertença a essa existência.

A morte é sempre uma possibilidade que *é*; a felicidade um *poder-ser*, abrindo-se para um *ainda-não* e convergindo para um *vir-a-ser.*

O homem, mostrou-nos Sartre, é a realidade de seus próprios fenômenos, e a busca, tentando trazer à consciência determinantes que possam fazer a totalidade de suas realizações como fatos plenos e reais, leva-o a realizações gratificantes e prazerosas.

A consciência humana, lamentavelmente, está embotada e o homem, cada vez mais, torna-se distante daquelas realizações onde a essência humana seja permeada por condições a ela inerentes. Não se pode reconhecer no conjunto de atitudes humanas um indício, por menor que seja, que possa tornar-se reconhecível daqueles princípios que deveriam ser e que, ao contrário, distam de forma abismática daqueles de dignidade à condição excelsa da existência.

É possível se fazer uma projeção que, embora intuitiva e sem qualquer fundamentação prática e sistematizada, revela que o homem, apesar de sua busca desvairada de encontro à felicidade nunca, em momento algum, foi tão infeliz como é na atualidade.

Nunca o ódio e a destruição ganharam formas tão marcantes até naqueles relacionamentos interpessoais mais estreitos. E, anteriormente, apesar da destruição e ódio presentes nas grandes guerras mundiais e setoriais, a existência humana não era avassalada de forma tão infeliz.

Basta se comparar, num retrato pormenorizado, que o homem anteriormente sofria na pele as agruras da escravatura.

Sabia e se sentia escravo; era *propriedade* de outros semelhantes e a própria Bíblia quando narra a trajetória de Moisés mostra a preocupação deste em estabelecer normas que garantiram e preservaram a posse do homem pelo próprio homem.

Hoje, liberto da escravatura, ele tem a ilusão de que se libertou das algemas dos feitores. Ao contrário, é mais escravo do que nunca, aprisionado que é pelo *capital*. Sofre até com mais intensidade de que seus antepassados. E o que se torna mais agravante é o fato de que possui a ilusão de que se libertou da escravatura, podendo, um dia, *vir-a-ser* feliz...

A felicidade esbarra em sua própria conceituação e significado que lega ao homem. Muitos a buscam avidamente e, somente após viver determinadas situações, dão a dimensão de fatos à consciência que torna experiências passadas como sendo felizes.

Outros, ainda, evocam reminiscências de um passado distante para dimensionar o quão infeliz é o presente. A felicidade passa a ser o passado, toma formas e contornos concretos quando é trazida à consciência a partir disso e, numa outra consideração de valores, dificilmente alguém se diz feliz em plenitude e realizações a partir de fatos presentes.

A felicidade, assim, parece ser o determinante que mostra a existência em compartimentos estanques, onde os fatos são codificados e ganham significação após vividos.

A vivência de determinados fenômenos, quando de sua ocorrência, não basta para impregná-los de plenitude e exuberância.

Os dias passam levando a existência de forma irredutível, e a falta de consciência e o próprio abrir-se frente a emoções fortes e significativas mostra uma série infinita de sensações que, dependendo das formas e contornos adquiridos, são definidos, mas não procurados e conceituados em essência, como situações onde a felicidade tornou-se presente dando alento aos fatos.

Uma mãe chorosa, diante da gravidade de uma cirurgia a que o filho se vê exposto, repentinamente, irá definir o êxito dessa cirurgia, bem como o restabelecimento do filho, como sendo uma situação de extremo arrebatamento onde seu coração transbordará de felicidade. E, se a felicidade está presente no coração dessa mãe, certamente estará no coração de um adolescente que, após superar as dificuldades de um árduo vestibular, consegue a tão almejada vaga na universidade. Também se faz presente no coração dos torcedores de um time de futebol – a despeito de quantas desventuras, sofrimentos e desatinos a existência possui – quando esse time sagra-se campeão de determinado torneio.

A felicidade ainda é presente naquelas situações onde, após longos períodos de separação e espera, amantes se encontram e se extasiam num frenesi inexaurível.

E na noite, noite que traz o espectro da solidão de modo único, com o sofrimento e a dor a ela inerentes, a felicidade adquire contornos inatingíveis fazendo com que seja reduto apenas nos sonhos e ilusões. *Ser feliz,* felicidade buscada, com a mesma avidez com que o poeta busca inspiração nas noites estreladas para os versos e elegias d'alma.

A felicidade eterna, buscada pelos fiéis, em seus devaneios místicos, parece ganhar contorno quando da paz da oração. E o que é a existência senão a fuga do desprazer e da dor?!

A paz da oração é tangível ao crente, mas não pode estabelecer contornos reais à felicidade.

O homem enquanto ser que se capacita não apenas de que é livre, mas também de que sua existência como ser livre se caracteriza pela precariedade e pela carência de condições existenciais seguramente sofrerá em níveis orgânicos toda dor dessa condição de forma única e irremediável.

E, na busca da construção de suas coisas, a existência experenciará a angústia da liberdade, de decidir suas próprias vertentes, e de buscar a felicidade em cada ato e realização.

A felicidade esbarra nos anseios humanos fazendo com que a própria essência humana transcenda o limiar de seus determinantes.

Existe a preconização da felicidade com sendo um estado de segurança, paz de espírito, calma ou tranquilidade do qual a angústia, o sofrimento e a dor estejam totalmente ausentes.

Contrapõem-se tais afirmações, colocando-se que as várias formas de experiências se intensamente vividas são impossíveis de não ter angústia, sofrimento e dor em seu bojo.

E se a felicidade é buscada por aqueles que preconizam os valores espirituais como forma de se tornar suportável os sofrimentos físicos a que se vêem expostos ao longo da existência, ela é vista como tendo forma e contornos adquiridos pelas realizações humanas. Como a emoção se confunde com a presença nos momentos maiores de devaneios e ilusão, a felicidade não tem como adquirir traços de verdade.

O homem é condenado à infelicidade de forma drástica e ao longo de sua vida procura ignorar fatos desagradáveis dela e, se exposto a situações onde, qualquer que seja a opção, nenhuma será de felicidade, está desamparado.

O homem, ao adquirir consciência de que a vida é um emaranhado inextricável de situações e fatos desagradáveis, adota uma atitude de total liberdade frente à existência e, a partir disso, realiza projetos de vida alvissareiros diante das dificuldades. Mas o distanciamento do sofrimento é cada vez mais ilusório.

Na América Latina, onde os altares dourados dos Incas estão cobertos pelo sangue das vítimas das ditaduras militares; onde os trabalhadores mineiros estão morrendo solapados nas minas de carvão com os pulmões enfraquecidos e doentes, a felicidade o que é?

América, onde o fuzil dos militares cala a voz da justeza. América das crianças de pés descalços; crianças sem vida, sem chocolates e sem parques de diversão; crianças que conhecem a fome, a miséria e o vento frio da madrugada a esfriar-lhes o amanhã e a perspectiva de outra forma de vida.

Crianças e adultos, todos unidos no desalento.

América, onde o canto dos pássaros é abafado pelo grito dos torturados nos calabouços dessa vergonha militar, onde cada promessa de justiça e paz é um açoite, uma mentira. América, continente de sonhos onde a felicidade é aniquilada das possibilidades existenciais, antes mesmo de ser sonhada.

Felicidade e América, favelas e povo sufocado pelo grito de liberdade. América que, banhada por dois oceanos, está encharcada de sangue, se entorpecendo com todos os tipos de drogas para se anestesiar de tanto sofrimento e dor. E a felicidade insiste em procurar lugar em seu seio.

Felicidade, felicidade, felicidade, não há como existires em plenitude, como alguns apregoam. Certamente existes longe dos anseios humanos que te conhecem apenas através da idealização de alguns sonhadores.

O que é felicidade se a vida é um intenso e infindável sofrimento? E se se permitisse ao homem a possibilidade de ser feliz, na plenitude de sua existência, a vida teria de ser redefinida e redimensionada noutra direção, o infinito.

O palhaço, símbolo universal da felicidade infantil, antes do espetáculo circense pinta o rosto com alvaiade misturado com vaselina. Também coloca secante, porque senão a tinta escorre; escorre com o calor do espetáculo, como ainda escorre com as lágrimas de sua dor d'alma. E, suor e lágrimas, o espetáculo não pode parar...

PARÊMIAS DE PRIMAVERA

Valdemar Augusto Angerami

Hoje é tempo de luz...
de vida, de amor, de cor;
Tempo de esplendor, de fé, de saudades.
Tempo da florada maravilhosamente tingida
de ouro-amarelo da Sibipiruma.
É Primavera...

Hoje é tempo de renascer...
do despetalar de rosas brancas;
vermelhas e azuis.
Tempo do acalanto no amarelo e no branco das margaridas.
Do Sol brilhante nas flores azuis
levemente tingidas de roxo do Jacarandá-Mimoso.
É Primavera...

Primavera no coração...
Primavera na alma...
Primavera no corpo...
na brisa suave que, na noite,
se mistura com o aroma da Dama da Noite.
Tempo da certeza, do encantamento do Beija-Flor
pousando a essência da Natureza na flor do Hibisco.
Tempo do deslumbramento amarelo-luz do Ipê-amarelo.
Da delicadeza do Ipê Verde
É Primavera...

Primavera no sorriso da criança...
Primavera na lágrima de dor...
Primavera na alegria do reencontro...
na canção do vento que bate na janela,
arauto do sonho encantado das flores.
Da florada branco-paz do Ipê-Branco. E da Figueira.
É Primavera...

Hoje é tempo de viver a vida no azul...
no cintilar da estrela.
Tempo de passear na luz da Lua...
na marola que arrebenta na areia
na relva enfeitada de verde...
Tempo da certeza de que a Primavera é a própria vida...
o amor em flor...
a flor em amor iluminado a certeza de muitas Primaveras...

FENOMENOLOGIA: MÉTODOS E PRESSUPOSTOS

Embora o criador do movimento denominado Fenomenológico, Edmund Husserl, não fosse propriamente existencialista, dificilmente se fala em Existencialismo sem associá-lo de imediato à Fenomenologia. Tal fato se deve à influência de Husserl em Heidegger[158] e Sartre. E também em razão do método utilizado pelos existencialistas em sua tentativa de compreensão do homem, ser o fenomenológico. Exemplo disso é a grande obra de Sartre, *El Ser y La Nada* [159] possuir o subtítulo *Ensayo de Ontologia Fenomenológica.*

Falar de Sartre, é Ferreira quem nos ensina[160], *é falar do Existencialismo – que ele, sobretudo, divulgou – como é falar da Fenomenologia – onde colhe uma orientação geral e alguns temas fundamentais*[161].

[158] A biografia de Heidegger é empanada por um acontecimento que seus adeptos pretendem reduzir a um mero episódio, e seus opositores consideram a consequência lógica de suas idéias. Trata-se de sua adesão ao nazismo. Durante vários anos o filósofo manteve silêncio sobre o assunto. Só em 1966, entrevistado pela revista alemã *Der Spiegel*, consentiu em aborda-lo, assim mesmo sob a promessa de as suas declarações serem divulgadas apenas depois de sua morte, compromisso efetivamente cumprido pela editora da publicação. Heidegger substitui Husserl, por recomendação deste, como titular da cátedra de filosofia da Universidade de Freiburg. Em 1933, com Hitler já no poder, foi nomeado reitor, segundo ele, indicado pelos próprios professores, convencidos então de que ele era a única pessoa em condições de evitar que a Universidade fosse desmantelada pela nova ordem politica implantada na Alemanha. À frente da reitoria, Heidegger adere formalmente ao nazismo, ingressando no Partido Nazista. No discurso de posse, aponta a doutrina nazista como alternativa entre o comunismo e o capitalismo. Perguntado sobre os motivos que o levou a retirar a dedicatória à Husserl em *Ser e Tempo* a partir da 5 edição da obra (1941), Heidegger respondeu que as diferenças doutrinárias com seu antigo mestre se acentuaram, partindo de Husserl a iniciativa de romper publicamente e amizade entre os dois. Ademais, a decisão de eliminar a dedicatória surgiu de um acordo entre Heidegger e seu editor, desconfiado este de que o livro não seria reimpresso caso permanecesse a reverência ao filósofo judeu. Heidegger, acrescenta que proibiu qualquer propagando anti-semita dentro da Universidade, além de impedir que os partidários do nazismo queimassem os livros dos autores contrários ao regime. E ainda sobre esse episódio existe o fato que entre 1945 e 1951, sob as leis de desnazificação estabelecidas pelas autoridades aliadas, Heidegger é colocado sob Lehrverbot (proibido em ensinar em qualquer instituição pública). E na medida em que Sartre tem posicionamento político bastante definido, posicionamento este que supera até mesmo contradições de seu pensamento, essa questão torna-se ainda mais polêmica. Sartre, irreverente e apontado por alguns como contraditório, e isso apesar de coerência ser virtude apenas dos medíocres; sempre presente com participação efetiva nos movimentos em prol das causas justas e humanizadoras.

[159] *El Ser Y La Nada, op. cit.*

[160] *O Existencialismo é Um Humanismo, op. cit.*

[161] *Ibidem, op. cit.*

E ao tentarmos redimensionar algumas noções da Fenomenologia enquanto método e pressuposto é imprescindível uma retomada do movimento em si.

Dartigues[162] coloca que a fenomenologia é o estudo ou a ciência do fenômeno. Como tudo o que aparece é fenômeno, o domínio da fenomenologia é praticamente ilimitado e não poderíamos proibir ninguém pretender-se fenomenólogo desde que sua atitude tenha algo a ver com a etimologia do tempo. Se nos atermos à etimologia, qualquer que trate da maneira de aparecer do que quer que seja, qualquer um por conseguinte que descreva aparências ou aparições faz fenomenologia[163].

A fenomenologia parecia prometer uma fuga de muitas coisas, não apenas da generalidade, mas também daquela espécie de preocupação com a subjetividade e a vida interior com as quais surrealistas e freudianos estavam, exatamente ao mesmo tempo, programaticamente comprometidos[164].

E a fenomenologia surge como sendo uma tentativa de análise do fenômeno enquanto fenômeno. Dessa maneira, as generalizações na vã tentativa de compreensão do homem são deixadas de lado e apenas a singularidade de cada fenômeno é que passa a ser considerada. E se por um lado parece extremamente simples analisar-se o fenômeno pelo próprio fenômeno, por outro essa tarefa se reveste de modo bastante complexo na medida que sempre temos um conceito apriorístico sobre os fenômenos. E analisá-los como fenômenos sem preconceitos significa desrevestir-se de valores muitas vezes enraizados ao longo de anos de reflexão.

A filosofia tal como era praticada antes de Sartre sempre foi tão abstrata como o instrumento linguístico que necessariamente utilizava na busca de essências, definições e ligações conceptuais[165]. E Sartre procurava uma filosofia que fosse oposta a isso: uma filosofia viva e julgou tê-la encontrado na fenomenologia. Simone De Beauvoir[166], companheira

[162] DARTIGUES, A. O que é a Fenomenologia. Rio de Janeiro: Livraria Eldorado Tijuca Ltda.,1973.

[163] *Ibidem, op. cit.*

[164] *As Ideias de Sartre, op. cit*

[165] *Ibidem, op. cit.*

[166] BEAUVIOR, S. *The Prime Of Life*. Paris: Gallimard, 1949.

de sua vida, narra um maravilhoso encontro com Raymond Aron, que teria ocorrido em 1932: *Raymond Aron estava passando um ano no Instituto Francês de Berlim, estudando Husserl e preparando simultaneamente uma tese de História. Quando veio a Paris, falou a Sartre de Husserl. Passamos juntos uma noitada no Bec de Gaz, na rua Montparnasse. Pedimos coquetéis de abricó, especialidade da casa. Apontando o copo, Aron disse:*

Como vê, meu caro, se você é um fenomenologista, é capaz de falar deste coquetel e fazer a filosofia dele'. Sartre empalideceu de emoção ao ouvir isso. Ali estava o que ele tentava conseguir muitos anos: descrever os objetos como os via e tocava, e desse processo extrair filosofia[167].

Em seguida, descrevemos alguns pressupostos fenomenológicos para compreensão de seu método.

A Base Fenomenológica

Como vimos anteriormente, a fenomenologia se reduz ao estudo do fenômeno enquanto único e isolado. É, como dissemos, um postulado da fenomenologia que o fenômeno seja lastrado do pensamento, que seja logos ao mesmo tempo que fenômeno. Não se pode, pois, conceber o fenômeno como uma película de impressões ou uma cortina atrás da qual se abriga o mistério das *coisas em si*. Hegel já dizia que atrás da cortina não há nada a ver. Falar de uma visão das essências não significará, pois, devotar-se a uma contemplação mística que permitiria a alguns iniciados ver o que o comum dos mortais não vê, mas, ao contrário, ressaltar que o sentido de um fenômeno lhe é imanente e pode ser percebido, de alguma maneira, por transparência [168].

E para melhor elucidar sua explicação, Dartigues contrapõe a questão da essência, em seu significado: *Tradicionalmente, a essência corresponde à questão: o que é o que é? Esta questão pode ser colocada a propósito de qualquer fenômeno e, se não a colocamos, é porque já estamos assegurados de sua essência ou porque pelo menos acreditamos estar*[169].

[167] *Ibidem, op. cit.*

[168] *O que é a Fenomenologia, op. cit.*

[169] *Ibidem, op. cit.*

Dartigues, na sequência, explicita melhor essa temática: *Não existe, com efeito, nenhum fenômeno do qual possamos dizer que ele não é nada, pois o que não é nada não é. Se todo fenômeno tem uma essência, o que se traduzirá pela possibilidade de designá-lo, nomeá-lo, isso significa que não se pode reduzi-lo à sua única dimensão de fato, ao simples fato que ele tenha se produzido. Através de um fato é sempre visado um sentimento. Husserl gosta de evocar a esse respeito o exemplo da IX Sinfonia. Esta pode se traduzir pelas impressões que experimento ao escutar este ou aquele concerto, pela escritura desta ou daquela partitura, pela atividade do regente da orquestra ou dos músicos, etc. Em cada caso, poderei dizer que se trata da IX Sinfonia e, contudo, esta não se reduz a nenhum desses casos, se bem que ela possa a cada vez se dar neles inteiramente. A essência da IX Sinfonia persistiria mesmo se as partituras, orquestras e ouvintes viessem a desaparecer para sempre. Ela persistiria, não como realidade, com um fato, mas como uma pura possibilidade. Não obstante, é essa pura possibilidade que me permite distingui-la de imediato de toda outra sinfonia, mesmo se o disco no qual eu a escuto está ruim. (...) Vemos em que a intuição da essência se distingue da percepção do fato: ela é a visão do sentido ideal que atribuímos ao fato materialmente percebido e que nos permite identificá-lo*[170].

Nessa questão da essência é necessário colocar que se ela permite identificar um fenômeno é porque ela é sempre idêntica a si própria, não importando nem os fatos nem tampouco as circunstâncias contingentes de sua realização. Dartigues esclarece esse ponto: Por *numerosos que sejam os tempos e lugares que se fala do triângulo, por numerosas que sejam as inscrições de triângulo sobre os quadros-negros de todas as escolas do mundo, é sempre do triângulo que se trata*[171].

A fenomenologia surgiu num momento em que era tratado de maneira autônoma o modo de aparecimento das coisas; e sua proposta, inicialmente desenvolvida, era aquela que propunha que o sentido de ser e o do fenômeno não pudessem ser dissociados. E como uma de suas premissas principais propunha retornar às coisas mesmas, esse fato tornou-se um de seus principais determinantes.

No entanto, para manter-se fiel a esse princípio, não podemos conceber um local onde as idéias pudessem ter residência. E se é como

[170] *Ibidem, op. cit.*

[171] *Ibidem, op. cit.*

vivência na consciência que elas dão a nós, a questão torna-se constrita nesse aspecto. Consciência é sempre consciência de algo; torna-se consciência ao estar dirigida para um objeto – esse é o princípio da intencionalidade.

De outra forma, o objeto só pode ser definido a partir de sua relação com a consciência. Torna-se assim *objeto para um sujeito*; o objeto não está preso nem contido na consciência como se essa fosse uma cápsula: ele adquire sentido enquanto objeto para uma dada consciência e a partir desta.

Mas pergunta-se-á, é Dartigues[172] quem nos esclarece, *o que dizer dos objetos da percepção sensível? Retomemos para este fim um exemplo concreto que Husserl propõe: Nosso olhar, suponhamos, volta-se com um sentimento de prazer para uma macieira em flor num jardim... Para o senso comum, tal percepção consiste de início em colocar em relação com essa macieira a consciência do sujeito pensante, o que produzirá na consciência uma macieira representada correspondente à macieira real. Consequência: haveria duas macieiras, uma no jardim e outra na consciência. Mas surge a dificuldade: como podem essa duas macieiras constituir apenas uma só? Será preciso, com Platão, imaginar uma terceira macieira que permita conceber a identidade das duas outras e assim ao infinito*[173].

Diante dessa questão incisiva, é necessário recorrer-se à análise intencional para uma elucidação clara e precisa. Da forma proposta por Platão não atingimos a essência mesma da percepção da macieira. *A partir da análise intencional não partiremos da macieira em-si da qual nada sabemos, nem da pretensa macieira representada, da qual nada sabemos mais do que de outra. Partiremos das 'coisas mesmas', isto é, da macieira-enquanto-percebida, do ato da percepção-da-macieira no jardim que é a vivência original a partir da qual chegamos a conceber uma macieira ou uma macieira representada*[174].

Nesse ponto, voltamos à questão anteriormente citada da característica que o objeto adquire ao ser percebido pela consciência. Ele deixa de ser objeto-pensado, imaginado, relembrado, etc. E, assim, será necessária uma reflexão constrita da análise intencional para que esse equacionamento não se torne estéril, ou simplesmente uma mera digressão carenciada de sentido; essa reflexão faremos a seguir.

[172] *Ibidem, op. cit.*

[173] *Ibidem, op. cit.*

[174] *Ibidem, op. cit.*

O Método Fenomenológico

A Análise Intencional

A análise intencional vai nos obrigar a conceber a relação entre consciência e o objeto sob uma forma que certamente se mostrará distante e estranha ao senso comum. É interessante ressaltar-se que consciência e objeto não são em distinção e efeito duas entidades separadas na natureza, que o fenomenólogo trataria na sequência de relacionar. Consciência e objeto se definem respectivamente a partir dessa correlação que lhes é de certo modo e maneira, cooriginal. *Se a consciência é sempre 'consciência-de-alguma-coisa' e se o objeto é sempre 'objeto-para-a-consciência', é impossível que se possa sair dessa correlação, já que fora dela não haveria nem consciência nem objeto*[175].

A análise intencional dessa forma deve elucidar a essência dessa correlação, e isso é bastante peculiar desse processo. Nessa correlação não apenas aparece tal ou qual objeto, mas de alguma forma pode ser estendido ao mundo inteiro. A análise intencional conduz à *redução fenomenológica,* ou a colocação entre parênteses da realidade tal como a concebe o senso comum, que é tanto a do cientista como a do homem comum, consiste em pensar que o sujeito está no mundo como em algo que o contém ou como uma coisa entre outras coisas, perdido sobre um céu, entre objetos, ideias e outros seres vivos. Nesse ponto faz-se necessária a determinante que acesso à análise intencional só é possível se a consciência efetua uma verdadeira conversão, isto é, se ela suspende sua crença na realidade do mundo exterior, para se colocar, ela mesma, como consciência transcendental. E para tanto, será necessário assumir-se a condição de seres transfenomenais que se percebem enquanto fenômeno, como sendo uma além deste.

Se, com efeito, a correlação sujeito-objeto só se dá na intuição originária da vivência (Erlebnis) de consciência, o estudo dessa correlação consistirá numa análise descritiva do campo de consciência, o que conduzirá Husserl a definir a fenomenologia como 'a ciência descritiva das essências da consciência e de seus atos'. Mas não se trata mais aqui de uma psicologia descritiva tal como a praticava

[175] *Ibidem, op. cit.*

Brentano, pois a consciência contém muito mais que a si própria: nela só percebemos a essência daquilo que ela não é, sentido mesmo do mundo em direção ao qual ela não cessa de 'explodir' (éclater), como dirá Sartre[176].

A Redução Fenomenológica e seu Resíduo

A análise intencional, vimos anteriormente, conduz a uma distinção entre sujeito e objeto, ou consciência e mundo, convergindo assim para uma correlação mais original que a dualidade sujeito-objeto e sua tradução conceitual em interior-exterior, uma vez que é no próprio interior da correlação que se procede à separação entre interior e exterior. No entanto, o acesso a essa dimensão só é possível se a consciência proceder a essa conversão, deixando sem efeito sua crença na realidade do mundo exterior para ela mesma ser colocada em sua condição transcendental.

A consciência dessa forma deixa de ser uma parte do mundo, mas o lugar de seu desdobramento no campo original da intencionalidade. *O mundo não é assim nada mais do que o que ele é para a consciência: O mundo na atitude fenomenológica não é uma existência, mas um simples fenômeno*[177].

O mundo com a redução fenomenológica permanece tal como era, conservando seus valores e suas significações antigas. *Esses valores e essas significações – e entre elas seu sentido da existência são fenomenolizados, isto é, desembaraçados da atitude ingênua que nos levava a colocá-los como sendo 'em si' e assim acarretava essas especulações metafísicas que estorvavam um conhecimento rigoroso*[178].

A Ontologia Fenomenológica de Sartre

Sartre é quem determina através de suas idéias a questão da transfenomenalidade do fenômeno de ser. Através dessa condição, vimos anteriormente, o homem pode ser percebido *como o ser que é, não um mero*

[176] *Ibidem, op. cit.*

[177] *Ibidem, op. cit.*

[178] *Ibidem, op. cit.*

conjunto de mecanismos desprovidos de sentimentos, mas um ser transfenomenal, que se percebe enquanto fenômeno e se anuncia no fenômeno como um além deste[179]. Sartre não crê na Existência de uma natureza humana, embora não negue uma condição humana, válida universalmente: Além disso, se é impossível achar em cada homem uma essência universal que seria a natureza humana, existe contudo uma universalidade humana de condição. Não é por acaso que os pensadores de hoje falam mais facilmente da condição do homem que da sua natureza.

Ao expor os pressupostos do método fenomenológico, Sartre define a existência em duas categorias: o *em-si* (en soi) e o *para-si* (pour-soi). O *em-si* seria correspondente ao universo das coisas materiais (objetos, árvores etc.), coisas que se encontram fora da pessoa, tendo existência em si de modo intemporal. O *para-si* é o mundo da consciência – a existência por si mesma, a realidade humana. A consciência, por outro lado, seria um *ser-para-si*, por ser autorreflexiva e pensar sobre si mesma. (...) o *ser-em-si*; tampouco pode ser derivado de uma possibilidade. O possível é uma estrutura do *para-si*; é dizer que pertence a outra região do ser. O *ser-em-si* não é jamais nem possível e nem impossível: simplesmente é[180].

Entretanto, *o ser do fenômeno não se resolve num fenômeno de ser*[181]. Em outras palavras, se é decididamente o ser que se manifesta, ele não se mostra inteiramente em cada uma de suas manifestações. E, de outra forma, tampouco diremos que o ser se cria a si próprio, pois cumpriria, então, fazer uso de categorizações que distanciariam-no de uma análise amiúde. O ser não deve, assim, ser relacionado a nenhum princípio, como se devêssemos derivá-lo de alguma possibilidade, ou então reconduzi-lo ao necessário visando encontrar-lhe justificativa. Ele é simplesmente, sem nenhuma outra razão: *Isto é o que – em termos antropomórficos – expressará a consciência ao dizer que o ser-em-si está a mais; ou seja que ela não pode absolutamente derivar do nada; nem de outro ser, nem de um possível, nem de uma lei necessária. Dessa maneira, sem razão de ser, sem relação nenhuma com outro ser, o ser-em-si está determinado para a eternidade*[182].

[179] *Existencialismo & Psicoterapia, op. cit.*

[180] *El Ser Y La Nada, op. cit.*

[181] *Ibidem, op. cit.*

[182] *Ibidem, op. cit.*

Na estrutura imediata da consciência, Sartre identifica duas características básicas: a temporalidade e a transcendência. A consciência não se encerra nem coincide consigo mesma. E ao projetar-se numa dada dimensão a consciência origina o tempo e nele se atira. O tempo, assim, não é definido como sendo um fenômeno exterior à consciência; o tempo se manifesta na consciência do homem: *Uma pedra existe no espaço de acordo com os limites de sua área. A dimensão que ocupa no espaço não transcende suas formas nem tampouco seus próprios limites. O homem, ao contrário, ocupa uma dimensão que transcende seus limites corpóreos*[183].

E através dessas noções de temporalidade e transcendência, a compreensão do homem será feita de modo livre sem as amarras impostas pelo pensamento determinista, onde o homem é apenas e tão-somente uma sucessão de fatos enredados num nexo-causal desprovido de sentido existencial.

A Ontologia Fenomenológica de Heidegger

Heidegger coloca ainda ao que é que a filosofia conduz: *A Filosofia procura o que é o ente enquanto é. A filosofia está a caminho de ser do ente, a caminho do ente sob o ponto de vista do ser*[184].

Para Heidegger, nenhum desses dois legados, o idealista-materialista e (ou) o científico-tecnológico, satisfaz a condição original e autêntica e a tarefa do pensamento que é experimentar, pensar através da natureza da existência, o ser do ente. A partir de *Sein und Zeit*, Heidegger concebe com seu empreendimento essencial *derrubar* (num sentido ainda a ser definido) as tradições metafísica e científica que governaram o argumento e a história ocidentais'[185].

Em cada sentença que proferimos, o ser é afirmado. Mas não nos detemos para indagar de nós mesmos o que é que estamos dizendo ou, mais exatamente, o que é que nos permite, na verdade, o que nos compele a dizer o que é. E o simples fato de não indagarmos quanto aos

[183] *Existencialismo & Psicoterapia, op. cit.*

[184] *Being and Time, op. cit.*

[185] *Ibidem, op. cit.*

fundamentos existenciais de nossa própria existência ou não existência – as duas são formal e substancialmente inseparáveis – nem quanto ao conceito de entidade atribuído ao mundo por toda e qualquer coisa que dizemos transcende a condição do ser. A proposta de Heidegger é de uma análise onde toda e qualquer indagação a respeito de algo que mal aprendemos, que pouco mais é para nós do que o som de uma palavra, e que nos coloca em perigo de servir um mero ídolo verbal quando prosseguimos com a nossa investigação[186].

Para melhor exemplificar, Heidegger ilustra com o seguinte: *Olhamos um edifício do outro lado da rua. Inventaríamos suas dimensões, características estruturais, conteúdo. Por todos os lados encontramos entes, mas –pergunta Heidegger – onde está o seu ser? Pois, no fim de contas, ele é. O edifício é. Se algo existe que pertence a esse ente é o seu ser; entretanto não encontramos o ser dentro dele*[187].

Com efeito, os sentidos são cruciais essa *presença de ser*, para a nossa apreensão nas coisas que nenhuma dissecação analítica ou descrição verbal pode isolar. *Ouvimos* um pássaro voando embora, estritamente falando, o vôo não seja *audível*; o nosso tato distingue imediatamente entre veludo e seda, mas em que consiste a diferença de ser em um e outro ente? É uma tempestade que se aproxima; *foi* uma tempestade há uma hora. O que entendemos por ser do ente *tempestade,* onde localizamos o seu ser? Uma distante cordilheira recortada no horizonte é. Revelará o seu ser ao viajante que saboreia a paisagem, ao distante meteorologista que prepara seu boletim do tempo, ou ao agricultor que vive à sombra da montanha? A todos e a nenhum responde Heidegger. Pode muito bem ser que cada um desses observadores esteja percebendo um aspecto da cordilheira. Mas não se pode dizer que a soma desses aspectos constitua o ser do objeto[188].

O contraponto feito por Heidegger para a apreensão de um determinado objeto dá-nos a dimensão do leque de possibilidades que se abre à percepção. Excluir determinadas possibilidades ainda que sem uma exata dimensão real dos fatos é empobrecer não apenas o fenômeno

[186] *Ibidem, op. cit.*

[187] *Ibidem, op. cit.*

[188] *As Ideias de Heidegger, op. cit.*

como a apreensão em si. O próprio cuidado de Heidegger no sentido da palavra dá parâmetros da necessidade cuidadosa e pormenorizada dos fatos.

O mundo para Merleau-Ponty

Desde que o mundo é mundo, uma das questões mais difíceis aos filósofos e cientistas é justamente a explicação do que venha a ser o mundo. Desde o nascimento da filosofia, os homens queriam saber sobre a origem das coisas. Alguns pensavam que não havia uma única substância básica da qual tudo é formado, outros achavam que havia uma infinidade de coisas, outros se recusaram até mesmo a existência das coisas físicas. Porém, o único consenso consiste em admitir não haver consenso sobre o que é o mundo.

Podemos citar diversas explicações para o que é o mundo, existe o mundo para visão religiosa, existe o mundo para a Mitologia e o mundo para a Ciência. Mas não precisamos limitar a explicação do mundo às disciplinas do conhecimento, cada pessoa pode explicar o mundo como quiser, assim como, cada um pode pensar o mundo como bem entende. Existem tantas concepções de mundo quanto existem pessoas. Fernando Pessoa diz que *Tudo para nós, está em nosso conceito do mundo; modificar o nosso conceito do mundo é modificar o mundo para nós, isto é, é modificar o mundo, pois ele nunca será, para nós, senão o que é para nós*[189].

Mas será que admitir diversas explicações para o mundo é o mesmo que dizer que existem diversos mundos? O mundo é o mundo, ou seja, o mundo transcende em relação ao que alguém pode saber ou explicar sobre ele. Por outro lado, apesar de cada perspectiva ser individual e única, devemos lembrar que cada explicação sempre cairá em conceituações que são construidas através de um método, regras básicas e procedimentos que produzem o conhecimento. Nossa capacidade de explicar, ou melhor, de produzir o conhecimento, já é um conhecimento que fora adquirido; então, devemos admitir que aprendemos a pensar da

[189] PESSOA, F. *Livro do desassossego*, por Bernardo Soares, Fernando Pessoa – Publicações Europa-América, 1986

maneira que pensamos e, esse modo de pensar está enraizado na cultura a milhares de anos.

Conhecer algo consiste em juntar evidências empiricas verificáveis baseadas na observação, geralmente resultantes de experiências ou exploração do ambinte e analisá-las com o uso da lógica. Assim, sem se dar conta, aprendemos a pensar cientificamente desde muito cedo, pois quando nascemos, quando somos lançados ao mundo, nossa consciência se abre para ele, mesmo sem ter escolha, pois, não temos de escolher ou querer se abrir, estamos destinados a abrir para o mundo assim como Sartre fala do homem condenado a ser livre, assim, nosso corpo é atraído para o mundo, ou seja, é atribuído (emocional) e seduzido pelo mundo.

A Consciência é o ponto de partida de todo o conhecimento[190], esse é um dos pontos fundamentais da fenomenolia de Edmund Husserl da qual é retomada pelo filósofo e psicólogo francês Maurice Merleau-Ponty. Husserl, que era matemático e filósofo, pretendeu desenvolver um método filosófico que poderia ser aplicado em toda a investigação científica (em psicologia, fisiologia, sociologia, etc.) e elevar a filosofia à categoria de ciência de rigor; através da sua leitura, Merleau-Ponty encontra na fenomenologia a atitude filosófica que vai seguir até o fim de sua vida.

No entanto, deve-se ressaltar que apesar de fortemente influenciado pela fenomenologia husserliana, Merleau-Ponty não só aprende as vantagens do método fenomenológico, mas desenvolve sua própria filosofia e, portanto, é capaz de dar a este método um sentido diferente do de Husserl. Em seu livro a *Fenomenologia da Percepção*[191], ainda revisando as ideias husserlianas, descreve a fenomenologia como o estudo das essências, dizendo que todos os problemas, segundo ela, resumem-se em definir essências, por exemplo: definir a essência da consciência, a essência da percepção e, porque não a essência do mundo?

Mas antes é necessário reaprender a ver o mundo defende Merleau-Ponty[192], *vê-lo com nossos próprios olhos, em vez de ver através dos olhos dos outros, proporcionando a assim a vivência do mundo através do contato primário com as coisas. Seria o mesmo que ver o mundo como uma criança, um bebê mais*

[190] *El Ser Y La Nada, op. cit.*

[191] *Fenomenologia da Percepção, op. cit.*

[192] *Ibidem, op. cit.*

precisamente, que ainda não adquiriu os recursos da reflexão e tampouco aprendeu sobre lógica, mas nem por isso deixa de possuir uma compreensão do mundo. Compreensão adquirida tão somente através sua percepção e das sensações[193].

Assim, como para muitos seria um absurdo validar a compreensão do mundo feita por uma criança, toda a história da filosofia levou a desvalorização da sensação e da percepção. Assim, desde Sócrates e Platão a contribuição da percepção ao conhecimento é vista como uma forma precária de *saber*. A tradição filosófica defendia que era necessário corrigir a percepção através da reflexão. Exemplos podem ser encontrados nos escritos de Platão em que *o filósofo diz que a vista e o ouvido, esses dois sentidos corpóreos não são nem exatos nem de confiança, e que os outros sentidos são ainda inferiores*[194]. Em outros trechos, dizia: *Com amores, receios, cupidez, imaginações de toda a espécie e um sem número de banalidades, a tal ponto ele nos satura, que, de fato, como se diz, por sua causa jamais conseguiremos alcançar o conhecimento do quer que seja o corpo constitui um obstáculo, quando chamado para participar da pesquisa*[195].

A ideia de que a realidade só pode ser intuída através da razão foi amplamente difundida e valorizada em toda a filosofia e culminou no desenvolvimento da ciência tal como a conhecemos. Essa ideia nos trouxe uma forma de conhecer um tanto obsoleta, principalmente quando colocada diante da complexidade da existência humana. Assim, além de criticar a supervalorização do pensamento racional que culminou no desenvolvimento das ciências modernas, a fenomenologia vem questionar a investigação cientifica como fonte unica para o *saber*. Pois, se por um lado, essa forma de pensar privilegia a intelectualidade e a interioridade, em contrapartida, nega e deprecia muitos aspectos da vida, como os sentimentos, os desejos, e principalmente o corpo.

Merleau-Ponty vem defender uma nova forma de chegar à fonte de conhecimento levando em consideração que o homem está inserido no mundo fazendo parte deste. Assim na tentativa de conhecer o mundo é impossivel que olhemos de fora. Não se pode como pretendem os

[193] *Ibidem, op. cit.*

[194] *Introdução ao Existencialismo, op. cit.*

[195] *Ibidem, op. cit.*

cientistas, separar o objeto do observador; só se pode conhecer o objeto através das vias de acesso a ele (o corpo), mas assim não estamos conhecendo apenas o objeto, mas conhecendo também a si próprio.

A filosofia de Merleau-Ponty consiste em focar a relação do homem com o mundo, para ele *a fenomenologia deve revisar a forma como conhecemos a realidade*[196], pois, trata-se de uma filosofia para a qual o mundo já está sempre *ali*, antes da reflexão, como uma presença inalienável, e cujo esforço todo consiste em reencontrar este contato ingênuo com o mundo. Para pensar o mundo, é preciso primeiro entrar em contato com ele: *O mundo não é o que eu penso, mas o que eu sinto*[197].

Reaprender a ver o mundo é a principal proposta da fenomenologia. Se para Husserl, o fenomeno é aquilo que se mostra a conciência, Merleau-Ponty enfatiza que a experiência vem primeiro que a consciência e torna-se a base para todo conhecimento. Assim a fenomenologia é a tentativa de uma descrição direta de nossa experiência tal como ela é. *A fenomenologia só é acessível a um método fenomenológico que consiste na tentativa de descrição direta de nossa experiência tal como ela se apresentar*[198]. E isso sem submeter a explicações psicológicas ou explicações causais, tampouco buscar uma compreensão reducionista ou generalista. Enfim, a exigência de uma descrição pura exclui tanto o procedimento da análise reflexiva quanto o da explicação científica. Trata-se de descrever a realidade, não de construir e nem de analisar.

A fenomenologia seria assim uma *psicologia descritiva*, pois, se para Kant a realidade é construída, para Merleau-Ponty a realidade só pode ser descrita e nunca construída. O mundo é o meio natural que intermedia todos os pensamentos e todas as percepções implícitas do homem que "esta no mundo" e é no mundo que ele se conhece.

A primeira grande contribuição de Merleau-Ponty é resgatar a importância do mundo da percepção e o mundo sensível na construção de nosso conhecimento sobre as coisas, fato que por muitas vezes foi esquecido pelo pensamento científico, principalmente a partir da influência desenvolvida pelo racionalismo cartesiano.

[196] *Fenomenologia da Percepção, op. cit.*

[197] *Ibidem, op. cit.*

[198] *Ibidem, op. cit.*

Outra contribuição do pensamento de Merleau-Ponty relaciona-se ao reconhecimento dado pelo autor a importância essencial que o *corpo* tem para o conhecimento do mundo. Não apenas a experiência mental, psíquica ou puramente intelectual, mas a experiência corporal assume uma extrema importância. Na verdade, corpo/consciência é quem capta as coisas a sua volta, sendo assim não é possível separa-los. A percepção é a introdução do corpo no mundo, através dela o individuo relaciona-se com o mundo e estabelece sentido a ele.

O que Merleau-Ponty faz é resgatar o protagonismo do homem no debate sobre o conhecimentor. Ele nos mostra que o mundo esta ali e o sujeito se dirige para compreendê-lo, mas a compreensão não se restringe à coisa, ao objeto; mas também à forma como o sujeito se dirige. Assim a existencia humana nunca pode ser ignorada em busca de uma verdade absoluta, como pretende o pensamento cientifico, mas pelo contrário, é necessário resgatar a importância do papel do homem na concepção que temos do mundo.

PSICOLOGA E PRESSUPOSTOS EXISTENCIALISTAS

Como vimos anteriormente, os pressupostos existencialistas propõem uma compreensão do homem enquanto fenômeno único. Essa condição essencial para o real dimensionamento dos pressupostos existencialistas conflita de modo radical com os princípios que norteiam a psicologia enquanto ciência.

A convergência dos pressupostos existencialistas para o campo da Psicologia é totalmente inadequada, contrariando tudo aquilo que foi proposto pelos pensadores existencialistas.

Mostraremos, a partir de alguns contrapontos, o esboço da inadequação dessa convergência.

Psicologia como Ciência

A psicologia, através de suas principais correntes, se propõe a ser compreendida através de bases científicas, entendendo por ciência o propósito de objetivar, classificar e generalizar, partindo da observação e da experiência.

Usaremos a definição de Hempel[199] sobre as ciências naturais, definição essa que abarca os princípios das correntes ositivista, aturalista e outras que se enquadram no rol das ditas científicas: Os diferentes ramos da investigação científica podem ser separados em dois grupos maiores: as Ciências empíricas e as não empíricas. As primeiras procuram descobrir, descrever, explicar e predizer as ocorrências no mundo em que vivemos. Suas asserções devem ser, portanto, confrontadas com os fatos de nossa experiência e só aceitáveis se amparadas por uma evidência empírica. Tal evidência se obtém de muitas maneiras: por experimentação, por observação sistemática, por entrevistas ou levantamentos, por exames psicológicos ou clínicos, por estudo atento de relíquias arqueológicas, documentos, inscrições, moedas, etc. É dessa referência essencial à experiência que prescindem a lógica e a matemática pura, que são as ciências não empíricas. As ciências dividem-se por sua vez em ciências naturais e ciências sociais. O critério para essa divisão é muito menos claro do que o que distingue a investigação empírica da não empírica e não existe

[199] HEMPEl, C. G. *Filosofia da Ciência Natural* .Rio de Janeiro: Zahar Editores: 1974.

acordo geral sobre onde se encontra a linha da separação. É costume incluir nas ciências naturais a física, a química, a biologia e as suas zonas fronteiriças. As ciências sociais compreendem então a sociologia, a ciência política, a economia, a historiografia, e as disciplinas correlatas. A psicologia é às vezes incluída num campo, às vezes noutro e não raro é dita pertencer a ambos[200].

Observa-se então que a psicologia, enquanto ciência empírica, necessita de um enfeixamento determinista para ser considerada como tal: descobrir, descrever, explicar e predizer as ocorrências do mundo em que vivemos. E para cumprir tais propósitos deve utilizar-se de seu instrumental científico; testes psicológicos, entrevistas, levantamento de dados, exames clínicos e outros [201].

Os pressupostos existencialistas negam-se a compreender o homem a partir de categorizações, generalizações e até mesmo de abstrações resultantes da aplicação de baterias de testes psicológicos. E o homem ao ser considerado como fenômeno único e isolado lança por terra outro princípio das teorias comportamentais em psicologia: *organismos diferentes reagem do mesmo modo diante de estímulos semelhantes.* Essa posição poderia ser assim definida pelos existencialistas: *organismos diferentes reagem de modo diferente diante de estímulos semelhantes.* Ou se preferirmos a sabedoria popular tem então: *a mesma água fervente que endurece o ovo amolece a cenoura.*

E embora exista uma obra bastante difundida de Rollo May, intitulada *Psicologia Existencial*[202], essa denominação é totalmente indevida. Tal fato deve-se ao total desrespeito desse autor com os princípios existencialistas. Inclusive, trata-se de uma coletânea em que os diversos autores iniciam seus trabalhos afirmando que quase nada conhecem dos princípios existencialistas. A inadequação dessa obra é expressa pelos próprios autores que, a cada parágrafo, desculpam-se pelo desconhecimento ao existencialismo [203].

[200] *Ibidem, op. cit.*

[201] A Psicanálise, apesar do distanciamento das ditas correntes científicas, tem sua base estrutural no modelo das ciências naturais. Freud utilizou-se de conceitos pertencentes à Hidráulica para a estruturação de sua teoria. Termos como *mecanismos, pressão, vazão,* foram utilizados na tentativa de compreensão do homem. Uma metapsicologia que deu origem a inúmeras outras teorias que se utilizam de termos pertencentes a outras áreas para explicação da existência humana.

[202] MAY, R. (Org). *Psicologia Existencial.* Porto Alegre: Ed. Globo, 1975.

[203] *Ibidem, op. cit.*

E na medida em que os existencialistas consideram irrelevantes os experimentos feitos em bases ditas científicas, contrapondo a singularidade do homem, a união do pensamento existencialista com a psicologia científica é praticamente impossível.

O existencialismo, através do método fenomenológico em que o conhecimento e compreensão da existência humana se procedem de maneira bastante diversa daquelas propostas pelas bases científicas, dista de modo significativo da psicologia científica. O conhecimento é um emergir da existência – e na verdade se trata de um processo pessoal, individual e único. Todos os fenômenos dessa classe estão dirigidos para o próprio ser, para o seu projeto de ser; trata-se de decisão existencial e não de abstrações teóricas.

A psicologia científica, ao contrário, ao invés de ver o homem como ser único numa relação intransferível com seu mundo, trata de categorizar, classificar e descrever os próprios sentimentos humanos – indescritíveis por si só.

E como agravante desse fato, temos a peculiaridade de que determinados sentimentos humanos – o amor, a paixão entre outros – inexistem diante dos preceitos científicos por não apresentarem conceituações nem definições operacionais. A ciência recusa-se a aceitar como verdadeira a própria expressão da emoção inerente à existência. E, na medida em que os pressupostos existencialistas determinam uma compreensão da existência a partir dos sentimentos inerentemente humanos, a questão se vê diante de um impasse sequer dimensionável.

O ostracismo legado às obras existencialistas nos círculos acadêmicos justifica-se plenamente. A ciência sente-se ultrajada ao ver seus pressupostos caírem por terra diante da compreensão existencialista de homem.

E diante da compreensão do homem através de experimentos realizados com pombos, cobaias e outros animais, o pensamento existencialista é soberano. Não apenas recusa-se a aceitar esses experimentos como coloca a impossibilidade de generalização de dados obtidos até mesmo com pessoas.

O pensamento existencialista é embasado na impossibilidade de construção de um conjunto sistemático, do estabelecimento de regras gerais, recusando-se a um enquadre científico. Pode, por outro lado, com os recursos e métodos que possui, empreitar uma compreensão profunda, iluminada e completa do homem, de seu mundo e de suas possibilidades existenciais. Estende a compreensão de seu ser e de sua existência como homem. Compreende melhor que outras formas e métodos propostos pela psicologia e psiquiatria cada ser estudado, cada existência com a qual se estabelece um *encontro*. Esse conhecimento, porém, não pode ser estendido a nenhum outro homem. Não se pode pensar num método de psicologia existencial. A única possibilidade pertinente aos princípios existencialistas é a prática psicoterápica, onde o terapeuta irá realizar um encontro existencial único e verdadeiro com o paciente.

As Teorizações Psicológicas e o Pensamento Existencialista

As teorias em psicologia apresentam características bastante diferentes daquelas encontradas em outras áreas da ciência. As teorias apresentam a necessidade de ser refletidas à luz de uma prática que pudesse ou torná-las tangíveis na dimensão dos fatos, ou então, de alguma forma, pudesse oferecer-lhes subsídios para uma revisão conjeturai. Alguns pensadores contemporâneos preocupados com o estabelecimento de dados que pudessem diferenciar o enredamento das teorias no campo das ciências naturais, diferindo-as em conceituação e normalização daquelas pertinentes às ciências exatas, estabeleceram nova conceituação sobre o significado do termo *teoria* quando essa abrangesse esse campo. Uma teoria é usualmente introduzida quando um estudo prévio de uma classe de fenômenos revelou um sistema de uniformidades que podem ser expressas em formas de leis empíricas. A teoria procura então explicar essas regularidades e, em geral, proporcionar uma compreensão mais profunda e apurada dos fenômenos em questão com este fim, interpreta os fenômenos como manifestações de entidades e de processos que estão, por assim dizer, por trás ou por baixo deles e que são governados por leis teóricas características ou princípios teóricos que permitem explicar as uniformidades empíricas previamente descobertas e, quase sempre, prever novas regularidades [204].

As teorias, assim, precisam ser especificadas com clareza e precisão apropriadas, com o risco de não servir ao seu propósito. Ao contrário, no

[204] *Filosofia da Ciência Natural, op. cit.*

campo da psicologia o termo teoria necessita de outra reformulação; pois tanto em seu significado etimológico[205], como na conceituação atribuída pela filosofia, o que se assiste nessa área é ao total arbítrio que enreda fatos e fenômenos à revelia inclusive de seus postulados. Dessa forma, uma dada teoria é absoluta diante das críticas e dos questionamentos que lhe são dirigidos; uma dada teoria só perde sua validade quando revista pelo próprio autor. Muitos autores, por maior que seja o distanciamento entre suas idéias e a realidade, continuarão a ser estudados e discutidos academicamente ainda que essas idéias não resitam a uma revisão e verificação em seus postulados.

O pensamento existencialista, por outro lado, mostra-se numa evolução dinâmica abrindo-se num leque de possibilidades para a irreversibilidade da existência enquanto fenômeno único e isolado. Lega, assim, a condição imutável de que cada ser é responsável pelo conjunto de atos e atitudes, enredando dessa forma o próprio enfeixamento das possibilidades existenciais. E, ao contrário das teorizações vigentes na psicologia, dogmáticas em sua asserção e explicadas a partir de seus próprios pressupostos, o pensamento existencialista, longe de tornar-se irredutível diante das críticas, propõe uma reflexão sobre o homem a partir daquilo que lhe é mais inerente: a existência. Até mesmo o método fenomenologico, usado pelos existencialistas, *é uma tentativa de uma descrição direta de nossa experiência tal como ela é, e sem nenhuma deferência à sua gênese psicológica e às explicações causais que o cientista, o historiador ou o sociólogo dela possam fornecer*; esclarece Merleau-Ponty[206]. *Eu não sou o resultado ou o entrecruzamento de múltiplas causalidades que determinam meu corpo ou meu "psiquismo", eu não posso pensar-me como uma parte do mundo, como o simples objeto da biologia, da psicologia e da sociologia nem fechar sobre mim o universo da ciência*[207].

E essa condição de exploração dessas totalidades humanas de modo fenomenológico abre-se numa perspectiva dialética. Uma totalização

[205] Teoria é assim definida etimologicamente: "1. Princípios básicos e elementares de uma arte ou ciência. 2. Sistema ou Doutrina que trata desses princípios. 3. Conhecimento especulativo. 4. Conjetura, hipótese. 5. Utopia. 6. Noções gerais, generalidades. 7. Opiniões Sistematizadas.

[206] *Fenomenologia da Percepção, op. cit.*

[207] *Ibidem, op. cit.*

é um ato; modifica o agente, o sujeito e a relação entre os dois. E esse modo de pensar dista o pensamento existencialista de forma abismática das teorizações psicológicas.

Humanismo e Existencialismo

O Humanismo é um movimento bem mais antigo que o Existencialismo e seu apogeu ocorre durante o Renascimento quatrocentista na Itália. Nesse período era enfatizado o estudo dos clássicos gregos e romanos e o movimento foi considerado liberdade de pensamento, na medida em que representava uma ruptura com o sistema escolástico medieval de pensamento desenvolvido principalmente pelos filósofos da Igreja. E apesar de não haver grandes realizações filosóficas, estava aberta a porta para um tipo de pensamento crítico independente.

O mais notável dos primeiros humanistas foi Erasmo de Roterdã. Homem bastante religioso, acreditava na liberdade essencial do homem e no poder criador do indivíduo. Diferenciava seu pensamento de modo radical de Martinho Lutero, que afirmava que o homem era incapaz de deixar de pecar, exceto pela graça de Deus. Em sua obra *Do Livre Arbítrio*[208], Erasmo luta pelo estabelecimento e definição da luta interior. E, desde Erasmo até Petrarca (comumente chamado de pai do humanismo), o movimento se caracterizou pela exaltação à dignidade do homem. Valores de dignidade individual, liberdade interior e criatividade existiram como precursores do movimento humanista atual[209].

No campo específico da Psicologia, a adoção da denominação humanista foi uma tentativa de tornar a psicologia humana. Tal definição parece desprovida de sentido, e até mesmo apresenta erro semântico na medida em que a psicologia é definida como a ciência que estuda o comportamento humano, sendo ela, portanto, humanista. No entanto, tal fato não é verdadeiro na medida em que a psicologia contemporânea estuda muito mais o comportamento de animais, reações irracionais e outros tantos fenômenos que nada apresentam de humano.

[208] *Introdução ao Existencialismo, op. cit.*

[209] *Ibidem, op. cit.*

E pelo fato do humanismo apresentar várias facetas, Sartre, o principal arauto do existencialismo, através da obra *O Existencialismo é um Humanismo*[210], vem a público mostrar que o existencialismo é um humanismo que apesenta características bastante peculiares e que se diferencia de outras formas arcaicas de humanismo. *Na realidade, a palavra humanismo tem dois significados muito diferentes. Por humanismo pode entender-se uma teoria que toma o homem como fim e como valor superior. Neste sentido há humanismo em Cocteau, por exemplo, quando na sua narrativa A Volta ao Mundo em 80 Dias uma personagem declara, por sobrevoar montanhas de avião: o homem é espantoso. Significa isto que eu, pessoalmente, que não construí aviões, me beneficiarei destas invenções extraordinárias, e que poderei pessoalmente, na qualidade de homem, considerar-me como responsável e honrado com os atos particulares de alguns homens*[211].

Esse tipo de humanismo Sartre recusa-se a aceitar: *Este humanismo é absurdo, porque só o cão ou o cavalo poderiam emitir um juízo de conjunto sobre o homem e declarar que o homem é espantoso, coisa que eles estão longe de fazer, tanto quanto eu sei...*[212] E, de forma incisiva, coloca os determinantes de recusa a esse tipo de humanismo: *Mas quanto a um homem não se pode admitir que possa emitir um juízo sobre o homem. O existencialismo dispensa-o de todo o julgamento deste gênero, o existencialista não tomará nunca o homem como fim, porque ele está sempre por fazer. E não devemos crer que há uma humanidade à qual possamos render culto, à maneira de Augusto Comte. O culto da humanidade conduz ao humanismo fechado sobre si de Comte e é necessário dizê-lo ao fascismo, É um humanismo com o qual não queremos nada*[213].

Através dessas colocações de Sartre podemos perceber uma preocupação em diferenciar o existencialismo de outras correntes do pensamento, distanciando-se de modo bastante extremado desses segmentos. Sartre tenta colocar o existencialismo ao encontro de uma nova forma de humanismo: *Mas há um outro sentido de humanismo, que significa no fundo isto: o homem está constantemente fora de si mesmo, é projetando-se e perdendo-se fora de si que ele faz existir o homem, e, por outro lado, é perseguindo fins transcendentes que ele pode existir; sendo o homem esta superação e não se*

[210] *O Existencialismo É Um Humanismo, op. cit.*

[211] *Ibidem, op. cit.*

[212] *Ibidem, op. cit.*

[213] *Ibidem, op. cit.*

apoderando dos objetos senão em referência a esta superação, ele vive no coração, no centro desta superação. Não há outro universo senão o universo humano, o universo da subjetividade humana. É a esta ligação da transcendência, como estimulante do homem – não no sentido de que Deus é transcendente, mas no sentido de superação – e da subjetividade, no sentido de que o homem não está fechado em si mesmo mas presente num universo humano; é a isso que chamamos humanismo existencialista. Humanismo, por que recordamos ao homem que não há outro legislador dele próprio, e que é no abandono que ele decidirá de si; e porque mostramos que isso não decide com voltar-se para si, mas que é procurando sempre fora de si um fim – que é tal libertação, tal realização particular – que o homem se realizará precisamente como ser humano[214].

E apesar do esforço de Sartre em mostrar que o existencialismo era um humanismo por se a única filosofia capaz de tornar a vida humana digna de ser vivida, a questão ainda assim é bastante polêmica e delicada. Alguns humanistas recusam-se terminantemente em aceitar essa justaposição, afirmando que os pressupostos existencialistas conflitam de maneira drástica com as idéias do humanismo. Outros, ao contrário, colocam que é através do existencialismo que as idéias humanistas têm uma de suas mais brilhantes expressões.

No campo específico da psicologia, por outro lado, a questão é igualmente cercada de controvérsias. Vimos, anteriormente, a inadequação de se falar em Psicoterapia Existencial, inadequação essa que adquire contornos ainda mais imprevisíveis quando se fala em Psicologia Existencial Humanista. Essa conceituação, criada pelos estadunidenses com a intenção de articular entre si algumas correntes psicológicas, poderia ser melhor definida como psicologia humanista, uma vez que seus principais autores são, notadamente, humanistas e muitas vezes com posicionamentos bastante distantes daqueles propostos pelos pensadores existencialistas.

Psicanálise e Existencialismo

A base existencialista, como vimos anteriormente, é o fenômeno; a reflexão sobre a existência é que determina o conteúdo das teorizações.

[214] *Ibidem, op. cit.*

E toda a sua estruturação respeita o fenômeno observado como condição essencial da análise. A Psicanálise, ao contrário, tem na *teoria* seu ponto fundamental, ainda que essa se distancie totalmente dos fenômenos observados.

Freud deixa bastante clara essa posição: *não queremos limitarmo-nos a descrever e classificar os fenômenos; queremos também concebê-los como indícios de um mecanismo que funciona em nossa alma e como manifestação de tendência que aspiram a um fim definido e elaborando algumas vezes na mesma direção e outra em direções opostas. Intentamos, pois, formar uma concepção dinâmica dos fenômenos psíquicos, concepção na qual os fenômenos observados passam a um segundo plano, ocupando o primeiro as tendências que se mostram como indícios*[215].

Freud tampouco nos diz a razão pela qual os fenômenos observados necessitam ficar num segundo plano diante de suas teorias. Diante dos fenômenos a teoria psicanalítica é soberana.

Dogmática em sua asserção, a teoria psicanalítica parte de pressupostos tidos como axiomáticos, a partir dos quais é sedimentada toda sua estrutura conjectural. E de fato, mesmo não fazendo parte da existência – existindo apenas na estrutura conjectural e ganhando significação pela própria dimensão teórica adquirida – esses pseudoaxiomas são o sustentáculo de toda a obra psicanalítica.

Freud se utilizou dos métodos das ciências naturais, método que o obrigou a atacar os fenômenos observados. E a partir de toda uma brilhante condução mental comprimiu todos os fenômenos da existência humana dentro de um *nexo-causal*, inerente às ciências naturais em sua análise das coisas realmente existentes. Essa noção de *causa-e-efeito*, trazida à reflexão contemporânea pela psicanálise, dista-se radicalmente da colocação existencialista, onde o homem é um ser que realiza a própria essência a partir da existência.

Essa noção de *causa-e-efeito* que explica a existência a partir de fatos ocorridos no passado é na análise amiúde dos fatos, mero reducionismo teórico: é imprescindível a reflexão de que, pelo fato de algo haver ocorrido numa data cronologicamente anterior, não significa, em si, que esse algo seja a causa dos problemas vivenciados no presente. A própria conceituação de *causa-e-efeito*, se revestida de forma livre e sem

[215] FREUD, S. Obras completas – Vol. II – *Leogines Introductorias al Psicanaliseis*. Madri: Editoral Biblioteca Nueva, 1948.

qualquer conceito apriorístico, cai diante do fato de que a existência não é sedimentada por esse tipo de nexo causal.

E numa análise mais rigorosa deparamo-nos com o fato de que a busca desse *nexo-causal* faz com que a essência dos fenômenos não seja apreendida na sua totalidade.

O homem, na teoria psicanalítica, é explicado universalmente como sendo um mero conjunto de mecanismos em constante atrito e pressão. Os mecanismos se intercalam no processo de atrito com o perigo iminente de explosão. Os conceitos utilizados por Freud – bem como as fases que ele determinou à vida: anal, oral e fálica etc. – fazem com que sua teoria seja explicada a partir de seus próprios pressupostos. E embora algumas noções trazidas à reflexão sejam totalmente carenciadas de razão, existindo apenas na teoria, ainda assim tais noções são dogmaticamente discutidas.

Nesse sentido a lembrança de Boss[216] é bastante oportuna: *Mas, parece que hoje está na hora de nos lembrarmos de uma confissão decisiva de Freud. Com efeito, o próprio Freud chamou de 'ficção' a seu conceito de "aparelho psíquico". Mas pura ficção, pura invenção dos psicólogos e antropólogos atuais são também todas as coisas que o corriqueiro psicologismo inclui no material intrapsíquico. Pois ninguém pôde, até agora, descobrir nos fenômenos concretos do existir humanos o mínimo indício da efetiva presença de imagens conceituais do mundo externo ou da exigência real de emoções intrapsíquicas e de formas libidinosas. Por isso os psicólogos cientistas têm que ter diante dos olhos constante e honestamente o fato de todos os seus conceitos básicos serem na realidade meras e imaginadas suposições. Eles foram supostos por Freud e ainda hoje continuam sendo supostos por aqueles que constantemente crêem numa metapsicologia de acordo com o propósito básico de toda a teoria de Freud*[217].

Em seguida, colocaremos alguns pontos do pensamento existencial de modo a estabelecer um contraponto sistematizado de reflexão.

O Projeto de Ser

O homem, tal como o concebe o existencialista, *se não é definível é porque primeiramente não é nada. Só depois será alguma coisa e tal a como a si*

[216] BOSS, M. *Angústica, Culpa e Libertação.* São Paulo, Editora Duas Cidades, 1977.

[217] *Ibidem, op. cit.*

próprio fizer. (...) O homem é não apenas como ele se concebe depois da existência, como ele se deseja após este impulso para a existência; o homem não é mais do que o que ele faz. (....) o homem antes de mais nada é o que se lança para um futuro, e o que é consciente de se projetar no futuro[218]. Essas colocações de Sartre mostram a antagonização frontal com os princípios psicanalíticos onde o homem tem a vida determinada a partir de um nexo-causal estabelecido por fatos ocorridos no passado.

A responsabilidade do homem por seus atos será outro determinante de justaposição com a psicanálise, e seu determinismo do inconsciente como sendo a zona de censura numa linha divisória com o consciente. Uma espécie de aparelho controlador que impede os elementos de uma região de transitarem diretamente para outra. Ao legar ao homem a condição de ser responsável, o pensamento existencialista atribui-lhe responsabilidade pela totalidade de suas ações. Como mera ilustração, citamos o chamado desejo inconsciente, muitas vezes evocado para explicar determinados atos e comportamentos. O desejo por si só implica num sentimento que necessita de um objeto para ser efetivado como tal. Quem deseja, deseja algo ou alguém, não havendo como desejar sem se ter a consciência do objeto desejado; o que pode de fato ocorrer é a negação e a manifestação do desejo, o expressionismo de suas formas, mas não o sentimento em si. Como manifestação inconsciente, se assim preferirem, pode ser definido o medo e as implicações de seu expressionismo, mas nunca o sentimento propriamente dito.

A Questão do Inconsciente

O inconsciente freudiano consiste, entre outras coisas, no conjunto de necessidades biológicas ou impulsos inatos, permitindo, muitas vezes, uma grande contradição em si ao atribuir-se ao inconsciente a responsabilidade por determinados atos. Isso de alguma forma faz com que o homem negue sua condição básica de se fazer a si próprio. Como na citação que fizemos anteriormente para encobrir-se determinados sentimentos atribuimos-lhes a condição de sentimentos inconscientes. A linha divisória entre as manifestações inconscientes e o arbítrio humano é,

[218] *O Existencialismo é Um Humanismo, op. cit.*

de alguma forma, o ponto central de reflexão da psicoterapia existencial. Legar simplesmente ao inconsciente tudo aquilo que de alguma forma se mostra nebuloso ao paciente é negar-lhe a condição de participante em seu próprio processo de crescimento pessoal. Nesse ponto surge uma questão de acordo entre o pensamento existencialismo e a Psicanálise.

A psicanálise prioriza como determinante de sua análise a determinação do inconsciente, pois de acordo com ela aspectos primários da conduta humana são os impulsos, instintos ou desejos residentes no inconsciente, o Id; o bloqueio dos impulsos inconscientes prejudiciais não acarreta seu desaparecimento. De alguma forma ou o impulso inconsciente é sublimado, isto é, dirigido para um objeto diferente do qual a pessoa não tenha temores ou receio, por exemplo, o amor pela mãe pode ser convertido em amor pela poesia, ou, então, o impulso inconsciente é reprimido. Nesses casos ou o impulso se manifestará nos sonhos ou se converterá em alguma das chamadas neuroses. Evidentemente que uma das maneiras como podemos conhecer uma coisa sem estarmos explicitamente consciente dela é ilustrada pelo ato de nos lembrar, ou ainda pelo modo como articulamos corretamente a concordância gramatical para falarmos ou escrevermos. De outra forma, acontece, frequentemente, termos o nome de outra pessoa em nossa percepção sem conseguirmos articulá-lo corretamente. E desde que um dos critérios do conhecimento é ter explicitamente presente em mente, e ser capaz de articular, o que é conhecido, tendemos a dizer que não sabemos o nome ou então remetemos a alguma dificuldade em níveis inconscientes que dificulta o acesso da informação correta.

Boss, em sua obra *Na Noite Passada Eu Sonhei*[219] mostra um ensaio realizado por um grupo de analistas-didatas onde é feita uma revisão bastante crítica do método psicanalítico de análise dos sonhos. A partir do momento em que essa crítica bastante cáustica é realizada pelos próprios psicanalistas a dimensão que esta adquire torna aquelas feitas pelos existencialistas algo bastante tênue.

No entanto, é necessário interpretar certos fatos que são explicitados de modo consciente e do qual não se tinha consciência, como sendo um mergulhar de encontro ao experenciar desses fatos – conhecidos

[219] BOSS, M. *Na Noite Passada Eu sonhei*. São Paulo: Summus Editorial, 1986.

no sentido incontroverso da palavra e que assumem novo significado, extraindo-se deles conclusões lógicas integrais, ou ainda pelo relembrar de fatos que conhecêramos outrora. O homem pode esconder, e comumente, na realidade, esconde de si fatos fundamentais sobre o seu ser. Tomemos por exemplo a questão da liberdade. Na quase maioria das vezes, fugimos da liberdade de refletir e até mesmo pensar sobre a existência. Nosso pensamento é voltado para outras coisas. A angústia da liberdade, poderia, portanto, ser produzida por um simples ato de lembrança, sem a menor necessidade de se invocar nenhum conceito metafísico para explicação sua corrência. Sua simples condição de valor ontológico resolveria tal questionamento.

A questão da libido

De alguém que sempre não veja, não procure e não queira ver senão a fome, o instinto sexual e a vaidade, como se estas fossem as molas essenciais e únicas das ações humanas. (NIETZSCHE)

Freud traz com o conceito de libido a explicação para a força motriz de todo o comportamento. A libido, termo empregado em sua teoria consiste na manifestação dinâmica da sexualidade. Assim, a psicanálise tradicional leva-nos a acreditar que a vida sexual nos primeiros anos determina não só a formação caracteriológica da qual o individuo carregará por toda a sua vida, como também credita às disfunções e transtornos psiquicos uma etiologia predominantemente centrada nesta sexualidade. Nestes termos pode-se concluir que a sexualidade é colocada como centro da vida psiquica e que o aspecto sexual assume o papel mais importante na vida do individuo. Aqui consiste uma das principais criticas da psicologia existêncialista, a noção de sexualidade como ponto de integração de toda a existência.

Quando se generaliza a noção de sexualidade e se faz dela uma maneira de ser no mundo físico e inter-humano, pode se dizer que a existência inteira adquire uma significação sexual ou que todo fenômeno tem uma significação sexual. Dessa forma pode-se dizer que essa noção sexual reduz o mundo, pois se assim fosse, no final das contas nós só teriamos estados de nós mesmo. Para Merleuau-Ponty[220] tal conceito reduziria a existência a uma abstração, ou seja, a existência seria apenas outro nome para designar vida sexual. Por isso, rebate o conceito psicanalitico dizendo que se a histórial sexual de um homem oferece a chave de sua vida, é porque na sexualidade do homem projeta-se sua maneira de ser a respeito do mundo, quer dizer, a respeito do tempo e a respeito dos outros homens[221]. Para ele a libido não pode ser compreendida como um instinto e mesmo a fixação da libido em areas erógenas descrita pela psicanálise deve ser compreendidas como fixação em determinada experiência histórica do individuo[222].

[220] *Fenomenologia da Percepção, op. cit.*

[221] *Ibidem, op. cit.*

[222] *Ibidem, op. cit.*

PARÊMIA DE VERÃO

Valdemar Augusto Angerami

Pés descalços na areia.
O Sol na alma, no peito e no coração.
vida embalada nas ondas do mar.
E tudo passa a ser simplesmente.
uma noite quente de Verão...

Verão, amor e paixão.
Paixão de uma intensa noite de amor,
numa noite quente de Verão...
Esperança de uma luz que se irradia no sol de Verão.
E na "Chuva de Ouro" das flores da Cássia Imperial.
De um Anjo Verde que baila
suavemente seu encanto
nas cores da própria vida...

Verão e raio azul do céu e
de verde-água do mar...
Do barco que passeia pela orla
pontilhando a esperança de branco e lilás.
Verão de paz, da noite de Natal,
da alegria do Reveillon.
Das flores vermelhas encantadoramente
avermelhadas do Flamboyant.

Verão de amor, do mergulho
fulgurante nas águas da cachoeira.
Verão da ilusão de que a vida se transforma,
e se transformou em novo tempo, nova vida,
nova ilusão...
Verão de um passeio a beira-mar
vendo o luar do luarento mais bonito que já
iluminou o refolhar dos sonhos...

Verão de um corpo de mulher
estreitado nos braços...
Com a nudez escondida apenas e tão-somente
pelas marcas do biquini na pele.
Do beijo ardente, salgado com gosto de mar,
com gosto de suor, com gosto de vida.
Verão de um sonho encantado de Sol, de Lua e de vida...
E da certeza de que amar numa noite de Verão
é viver a vida com ardor, paixão e amor...

CONVERGÊNCIAS DO PENSAMENTO EXISTENCIALISTA NA PRÁTICA PSICOTERÁPICA

Nessa parte do trabalho mostraremos os principais autores que trabalham na convergência do pensamento existencialista na prática psicoterápica

Victor E. Frankl

Victor Frankl é autor de vários livros e apesar de sua obra ser identificada como sendo p*sicoterapia existencial* o método por ele proposto, na realidade, toca apenas tangencialmente o pensamento existencialista. Ele é considerado por alguns como sendo existencialista e que, ao contrário dos demais existencialistas europeus, não é pessimista em suas idéias. De fato, se for incluído no rol dos existencialistas, será colocado na convergência dos existencialistas que incluíam Deus em suas reflexões.

Frankl faz uma convergência em sua obra trazendo Deus para a reflexão e compreensão do homem. Deus é visto como sendo o *inconsciente* em sua manifestação mais suprema. E apesar dessas divergências, na verdade Frankl foi um dos autores que mais escreveu sobre a temática do sentido da vida, sendo que sua obra foi enredada a partir de sua experiência como prisioneiro de guerra, quando no campo de concentração refletiu o sentido da vida num contraponto direto com a perspectiva da morte.

Frankl é admirado principalmente pelos terapeutas que procuram unificar as crenças místicas com a prática psicoterápica. A própria convergência que faz de alguns conceitos psicanalfticos em sua obra torna-se inócua diante da importância dada por ele à abstração arbitrariamente imaginada do *inconsciente* como sendo uma manifestação divina.

Frankl é criador da logoterapia, afirmando que análise existencial[223] e logoterapia são a mesma coisa: *Pode-se, pois, dizer que a Análise Existencial vai além de uma simples análise, sendo também terapia e precisamente logoterapia, no que difere da análise da existência, a qual –segundo as definições dos seus pensadores de maior projeção – em si e como tal não chega a ser (Psico) terapia no verdadeiro sentido do termo. Com efeito, logos significa sentido, e*

[223] Frankl faz uma diferenciação entre análise existencial-(Existenzanalyse) e a 'análise da existência (Daseinsanalyse), colocando que a analise existencial faz uma tentativa ousada de aclaramento do sentido, de modo que o acento se desloca do aclaramento dos modos de ser para os das possibilidades do sentido".

logoterapia é, portanto, uma psicoterapia baseada no sentido que dá ao paciente uma nova orientação[224].

Ampliou o conceito de inconsciente através do inconsciente espiritual, tentando provar a transcendentalidade da consciência. Segundo ele, o homem adoece quando não encontra um sentido para sua vida. Em sua ampliação da noção de inconsciente, Frankl tentou mostrar que não há apenas um inconsciente impulsivo, mas, principalmente, um inconsciente espiritual.

A Dra. Izar Xausa, profunda estudiosa da obra de Victor Frankl, assim o define:

E nós perguntamos:

Afinal, quem é Victor Emanuel Frankl?

O prisioneiro 119.104, o psicólogo mártir que sofreu as injúrias dos campos de concentração, a ponto de nem ele mesmo conseguir compreender como foi capaz de sobreviver à prisão, e tornou-se o psicólogo da redenção humana. Libertado da degradação do confinamento, fala na 'deliciosa sensação de perceber que nada no mundo se tem a recear a não ser seu Deus'. Tornou-se um dos maiores cientistas contemporâneos, um dos grandes humanistas da atualidade e o salmista do século vinte. Sentiu profundamente a dor do povo de Israel e clamou o 'de profundis' dos abismos em que se achava no campo de concentração; sempre digno e sem temor, atravessou asenda do vale da morte, soube sofrer, perdoar, vencer e entoar tanto no martírio como na glória. Shemma Ysrael[225].

Ludwig Binswanger

Binswanger é, na realidade, juntamente com Jasper, o iniciador da chamada Psiquiatria Existencial. Graduado em Zurique e tendo estudado com Carl Jung, refletiu sobre a obra de Freud e do próprio movimento psicanalítico em seu início. E, ao ir de encontro à obra de Heidegger, compreendeu que o pensamento existencialista oferecia os subsídios necessários para a sua prática psiquiátrica. Em 1933, publica seu primeiro trabalho

[224] FRANKL, V. E. *A Psicoterapia na Prática*. São Paulo- Edit. Pedagógica e Universitária Ltda. 1976

[225] XAUSA, I. A. M. *Viktor Frankl: Um Psicólogo no Campo de Concentração* in Separata da Revista Psico do Instituto de Psicologia da PUCRS, Vol 6. N° 2. págs. 95-115. Porto Alegre, jul/dez. 83.

mostrando desde, o início um distanciamento das idéias de Heidegger convergendo para idéias brilhantes segundo os estudiosos da temática. Tal fato provocou críticas do próprio Heidegger e também de Medard Boss, psiquiatria que se mantém fiel às idéias heideggerianas.

A partir de uma ampla cultura de um rico conhecimento da natureza humana, Binswanger reuniu em sua obra sua experiência prática com a especulação teórica num vôo de rasgos brilhantes. E isso apesar de sua linguagem ser bastante difícil para aqueles que não estejam familiarizados com o pensamento filosófico. No entanto, Binswanger não se distanciou totalmente das ideias psicanalíticas em seus trabalhos, fato que dá à sua obra um caráter bastante dúbio na medida em que sua análise, ao mesmo tempo em que nos remete ao encontro de fenômenos como a liberdade existencial, também refere-se aos aspectos latentes e às possíveis energias existentes supostamente atrás dos fenômenos. Esse aspecto confere a Binswanger grande aceitação nos meios psicanalíticos na medida em que ao propor um novo método de compreensão do homem não se distancia de forma antagônica nem tampouco critica os princípios freudianos.

A contribuição de Binswanger é preciosa à humanização da psiquiatria, pois a partir de suas ideias pode-se caracterizar a transcendência do ser-doente em sua individualidade e nos aspectos de linguagem e de distanciamento propriamente ditos dos objetos e coisas do mundo. Outro aspecto importante em sua obra é a tentativa de explicar a doença a partir de transformações primárias da personalidade, isto é, o modo pelo qual a personalidade elabora psicologicamente certas experiências vividas no seu percurso histórico. Aqui reina o modo de observação puramente psicológico. Esse tipo de abordagem constrói uma infraestrutura conceptual a partir da qual se podem explicar todas as ações das pessoas. Todavia, para Binswanger, esse caminho é também um caminho do exterior que busca compreender a dimensão psicopatológica do homem como alguma coisa que vem do exterior ao organismo, sendo o psiquismo normal. Para Binswanger, essa perspectiva não capta a essência da doença.

Quando escreveu sobre a situação crítica da psiquiatria, em 1920, Binswanger tinha diante de si o modelo de psicanálise que trazia uma outra luz para a Psiquiatria, explicando a doença a partir da história pessoal de cada um. Ele o fez, então, inspirado na Psicanálise, para a qual a doença não é alguma coisa estranha à pessoa, pois não se pode perder de vista o todo da personalidade, devendo-se, assim, compreender a doença dentro de um fluxo contínuo da vida.

Com o aparecimento do livro *Being and Time*[226] de Heidegger, em 1927, Binswanger vislumbrou um novo caminho para a psiquiatria. Aparecia diante dele a nova direção da pesquisa antropológica na psiquiatria, que não quer reduzir o homem a categorias biológico-naturalistas, nem a categorias tiradas das ciências do espírito, mas quer compreender o homem a partir do seu ser mais íntimo – o humano – e descrever as direções fundamentais desse ser:*A doença mental é retirada do campo simplesmente natural, ela é também retirada do campo de um assunto mental, para ser compreendida e descrita a partir das possibilidades originais do ser homem*[227].

A obra de Binswanger é relativamente extensa, fato que lhe confere grande destaque entre os pensadores existencialistas, pois além de ser um dos iniciadores do movimento existencial no campo da psiquiatria sua obra é ponteada por momentos bastante brilhantes.

Medard Boss

Boss é um dos autores exponenciais na atualidade. *Tendo estudado medicina em Zurique, foi em seguida para Viena onde cursou psicanálise com Freud com quem fez sua análise didática. Continuou os estudos em Londres com Ernest Jones. E, em Berlim, com Karen Homey, Fenichel, Schulz-Henkel e Wilhelm Reich. A partir de 1939, trabalhou durante 10 anos com Jung na Universidade de Zurique*[228].

Posteriormente, a partir de uma amizade com Martin Heidegger, aproximou-se da fenomenologia existencial. Boss é autor de vasta obra onde apresenta os fundamentos existenciais num contraponto com os métodos e modelos existentes de compreensão do homem.

Boss é considerado por muitos como sendo mais heideggeriano que o próprio Heidegger. Em suas análises, Boss não admite outra forma

[226] *Being and Time, op. cit.*

[227] *Existencialimos & Psicoterapia, op. cit.*

[228] *Angústia, Culpa e Libertação, op. cit.*

de análise além da descrita por Heidegger. Nesse sentido, em sua obra encontramos críticas a Freud, Marx, Sartre, Binswanger, etc. Enfim, sua ótica não admite nada que se distancie, ainda que tangencialmente, da proposta do filósofo alemão ao contrário dos autores sartreanos que procuram uma convergência com a filosofia marxista.

Boss é criticado por alguns e até por Seguin[229] por negar a armação teórica da psicanálise, substituindo-a por conceitos existenciais, mantendo, contudo, sua estruturação em termos de prática psicoterápica a despeito de negar a base científico-natural em que essa é estruturada. E, apesar de todas as celeumas que o cercam, Boss é seguramente um dos principais responsáveis pela divulgação do pensamento existencial no campo da psiquiatria e Psicoterapia.

J. H. Van Den Berg

Van Den Berg é um psiquiatra holandês de bastante projeção entre os existencialistas contemporâneos. Sua obra é reduzida se comparada a outros pensadores, mas extremamente rica na análise realizada sob a ótica fenomenológica no campo da Psiquiatria.

Van Den Berg critica de maneira aguda os conceitos vigentes na psiquiatria bem como a estruturação freudiana. Sua análise, no entanto, e ao contrário de outros existencialistas é feita numa estruturação arquitetônica de comparação direta entre a proposta fenomenológica e os conceitos da psiquiatria hermeticamente fechados. Trata-se de um autor cuja leitura é imprescíndivel a todos que se interessam pelo pensamento existencial fenomenológico. Van Den Berg mantém-se fiel à proposta de Husserl e à convergência da obra existencial para o campo psiquiátrico realizado por Binswanger.

A obra de Van Den Berg é bastante clara e constrita tornando-se fértil nas explanações permitidas a partir da sua estruturação filosófica. E, ao contrário dos existencialistas americanos que dizem que seus pares europeus são extremamente poéticos e nada científicos, e isso vimos anteriormente, apesar do distanciamento em que os americanos se encontram

[229] SEGUIN, C. A. *Existencialismo y Psiquiatria*. Buenos Aires: Ed. Paidos, 1960.

dos pressupostos existencialistas, Van Den Berg contrapõe-se a essa visão apresentando nuances poéticas mantendo a coerência da explanação de modo bastante claro e indissolúvel; num contraponto às críticas do estilo existencialista e até mesmo à visão dos positivistas e behavioristas. Eis um trecho de sua obra, onde após a descrição de caso, Van Den Berg realiza esse pareamento: *O psicólogo positivista ou behaviorista, imbuído de ciência física, irá dizer que tudo isto é pura poesia. Ele me explicará que, na verdade, eu vi uma garrafa de vinho, com um rótulo etc., mas que eu adornei essa observação com assuntos que não lhe dizem respeito. Eu contaminei a observação mediante a projeção de uma condição, ou seja, a condição de estar desapontado e solitário. Posso responder a isso com o seguinte comentário: Se fosse minha projeção que eu estava vendo, não teria eu observado minha solidão mais distintamente, menos adulterada, com mais realidade e mais diretamente, se eu tivesse perguntado como me sentia, não à garrafa mas a mim mesmo? A introspecção me teria mostrado como me sentia. Pois bem, parece que não é assim. Sempre que pergunto a mim mesmo, pela introspecção, como me sinto, em vez de obter uma compreensão mais refinada da minha solidão, eu obtenho uma compreensão menos clara. Pior ainda: se eu procuro, pela introspecção – isto é, deixando de lado tudo o que está fora de mim – concentrar-me na investigação dos meus sentimentos, então não sei o que fazer. Sinto-me de pé diante de um muro impenetrável. Cada esforço que faço para concentrar-me no meu puro íntimo, resulta na tomada de consciência do meu ambiente: o quarto, o fogo, a garrafa e, dentro de tudo isso, o meu amigo ausente*[230].

Nesse simples trecho fica bastante evidente a forma como Van Den Berg analisa a estruturação de um caso a partir da ótica fenomenológica de modo a rechaçar o positivismo científico com uma linguagem que ao mesmo tempo em que é precisa e constrita também apresenta rasgos de beleza e harmonia. Num outro trecho, assim Van Den Berg descreve a situação do estar-doente: *Quem assim fala, espontaneamente, mais do que qualquer outra pessoa, é o paciente psiquiátrico. O paciente deprimido descreve um mundo que se tornou escuro e sinistro. As flores perderam a cor, o sol perdeu o brilho, tudo parece sombrio e morto*[231].

[230] VAN DEN BERG, J. H. *O Paciente Psiquiátrico – Esboço de Psicopatologia Fenomenológica.* Campinas: Editora Livro Pleno, 2005.

[231] *Ibidem, op. cit.*

Ronald Laing

Laing é, seguramente, um dos mais importantes autores que trabalharam na convergência dos pressupostos existencialistas para o campo da psiquiatria e psicoterapia. Sua importância não reside apenas nesse ponto. Uma de suas obras *Razão e Violência – Uma Década da Filosofia de Sartre*[232] escrita conjuntamente com D. G. Cooper[233], é prefaciada pelo próprio Sartre. Essa obra, inclusive, é um dos marcos iniciais do movimento denominado *antipsiquiatria*. A partir das reflexões sartreanas, Laing e Cooper construíram um método de compreensão da existência que colocou por terra todos os pressupostos da psiquiatria tradicional. A propagação da *antipsiquiatria* foi de tamanho vulto que em todos os cantos do mundo seu eco foi eclodido com uma repercussão sequer tangível pela razão[234].

O próprio Sartre, ao analisar a obra de Laing e Cooper, colocou que essa obra, certamente, levaria ao surgimento de uma psiquiatria humana: *Mais ainda, que na perfeita compreensão de La Critique de la Raison Dialectique, o que me encantou, tanto neste livro como nas suas obras anteriores, foi a constante preocupação de realizar um approach 'existencial' dos doentes mentais. Também eu julgo que não se pode compreender as perturbações psíquicas do exterior, a partir do determinismo positivista, nem reconstruí-las graças a uma combinação que permaneçam estranhas à doença. (...) Por esta razão, tenho no mais alto apreço as suas pesquisas, em especial o estudo do meio familiar considerado em grupo e em série, e estou convicto de que seus esforços contribuem para acelerar a aproximação do tempo em que a psiquiatria será, finalmente, humana*[235].

Nessa obra, Laing e Cooper realizaram um estudo intensivo de três obras de Sartre, *Saint Genet, Comédien et Martyr, Questions de Méthode e*

[232] LAING, R. D.; Cooper, D. G. *Razão e Violência – Uma Década da Filosofia de Sartre*. Petrópolis: Editora Vozes, 1976.

[233] Existe alguma controvérsia na inclusão de Cooper entre os autores existencialistas. Apesar de sua obra principal *Razão e Violência* ter sido prefaciada pelo próprio Sartre, alguns consideram-no um autor com tendências psicanalíticas, que fez um hiato existencial nessa obra. Na verdade, a trajetória de Cooper é bastante polêmica e contraditória e sua importância maior reside em ser, juntamente com Laing, um dos precursores do movimento denominado *antipsiquiatria*.

[234] ANGERAMI, V. A. *A Psiquiatria Sob Sarte. Uma Psiquiatria Humana*. In: ANGERAMI, V. A. *Psicoterapia Fenomenológico Existencial* (Org.). Belo Horizonte: Artesã, 2017.

[235] *Razão e Violência – Uma Década da Filosofia de Sartre, op. cit.*

Critique de la Raison Dialectique[236]. E a partir da própria evolução da obra sartreana e do entretecimento que Sartre faz do existencialismo com o marxismo, a psiquiatria recebeu uma das contribuições mais importantes em seu processo de humanização. A união desses dois posicionamentos filosóficos faz com que a verdadeira libertação humana possa se desvencilhar do comprometimento político da psiquiatria tradicional – um determinante de opressão e alienação social. Sartre afirma e apóia vigorosamente, com impressionante argumentação, o ponto de vista de que o marxismo é a única filosofia possível na nossa época, passando então a examinar suas posições epistemológicas fundamentais e também tipos específicos de análise de situações concretas, feitas por escritores pseudomarxistas. Realiza assim uma crítica de uma confirmação radical do marxismo. Demonstra como este passou por certas deformações no pensamento mecanicista e idealista e como sofreu uma esclerose metodológica. Mas isto está longe do revisionismo. O revisionismo, segundo Sartre, é uma reversão ao pré-marxismo e, portanto, insustentável[237]. Esse modo de compreensão da existência onde a pessoa é inserida numa razão social e política concretizando a real dimensão humana converge para a propulsão de transformação da própria sociedade. *O homem é um organismo prático com uma multiplicidade de organismos similares num campo de escassez. Mas esta escassez é uma força negativa que define cada homem e cada multiplicidade parcial como realidades humanas e inumanas ao mesmo tempo. Cada indivíduo, por exemplo, na medida em que se arrisca a consumir um produto de primeira necessidade para mim (e para todos os outros) arrisca-se a tornar-se um excedente. Na medida em que é minha repetição, ele coloca minha vida em perigo; torna-se então inumano na medida em que é um homem. A minha espécie torna-se alienígena*[238].

A obra de Laing bem como o posicionamento de Sartre frente aos desafios contemporâneos são sustentáculos do esteio existencialista no campo da psicoterapia. Laing é um autor que sempre se caracterizou por uma preocupação constante de inserção do homem numa realidade social, fato que dá uma concretude bastante sólida às suas reflexões.

[236] *Ibidem, op. cit.*

[237] *Ibidem, op. cit.*

[238] *Ibidem, op. cit.*

PARÊMIAS DE OUTONO

Valdemar Augusto Angerami

Já é Outono. Anoitece...
O frescor da noite é suave. Terno e afetuoso.
Noite de vida, noite de ardor.
Outono das manhãs azuis de abril.
Da renovação e da esperança da Páscoa.
Outono roxeado pelas flores da Quaresmeira.
Outono rosado pelas flores da Paineira.
Outono alaranjado pelas flores da Espadódia.

Já é Outono. Suavemente Outono...
Outono azulzinho e branquinho pela
florada das Flores de Maio.
Outono amarelado pelas flores da Aleluia.
Outono da ternura do mês de maio.

Já é Outono. Docemente Outono...
A Aurora tem uma cor branca rosada
tão levemente pura como o próprio alvorecer da esperança.
Esperança que se funde e se dilui na nebulosidade
de uma tarde de Outono.
E que se torna a seiva da vida num raio de Sol
que se mistura no esbranquiçado da nuvem.

Já é Outono. Entardecer...
E ver o passeio de uma borboleta
passeando pela alamedas do Outono;
e ver uma coruja que pia o encanto
de um pôr-do-sol tingido pela neblina.
E saber do prazer do refolhar das folhas
buscando vida no Outono...
E sentir a pulsação da vida no ato
de preparar a terra para que seja regada
com as primeiras águas de Outono.

Outono. Um pássaro cortando o espaço...
tentando alcançar o azul da alma e dos sonhos.
Tempo de plantio da esperança;
tempo de semeadura da paz;
tempo do desabrochar do amor;
tempo de acreditar que a vida vale a pena ser vivida.
tempo do próprio tempo. Passando... Passando... Passando...

PERSPECTIVAS DA PSICOTERAPIA EXISTENCIAL

A coisificação imposta ao campo da psicoterapia e da psicologia mostra o tecnicismo prevalecendo diante da própria razão. Numa simples consulta às denominações das teses acadêmicas das nossas principais universidades, vamos encontrar um sem-número de trabalhos que conferiram a seus autores os mais distintos títulos universitários, e que são, na sua grande maioria, experimentos realizados com animais, numa mera e vã tentativa de extrapolação ao comportamento humano. Nesse sentido a perspectiva do pensamento existencial é soberana para o resgate da compreensão da condição humana apenas e tão-somente a aspectos a ela inerentes. Não aceita nem tampouco admite nada que não seja a existência humana como contraponto de suas análises. Também não aceita um enredamento a partir de princípios da hidráulica, mecânica a outras para entender a abrangência do homem.

A grande barreira enfrentada pela psicoterapia existencial é o ostracismo legado aos seus pressupostos nas lides acadêmicas de Psicologia. A maioria dos cursos de formação de psicologia e psicoterapia sequer a mostram como sendo uma alternativa viável na prática psicoterápica. E, quando o fazem, o que é ainda mais drástico, apresentam obras de autores que, apesar de serem considerados existencialistas, em nada justificam tal conceituação.

No entanto, a levar-se em conta as dificuldades encontradas e até mesmo as barreiras colocadas pelos pensadores de outras correntes e a performance apresentada pela psicoterapia existencial, uma coisa torna-se indissolúvel: seu espaço, em breve, será conquistado de modo estupendo pela própria necessidade de humanização da psicoterapia.

Inegavelmente, de outra parte, se por um lado assistimos ao crescimento dos títulos acadêmicos que se utilizam de experimentos realizados com animais, de outro, igualmente, vemos crescer o número de trabalhos realizados sob a ótica do pensamento existencial. E isso, sem sombra de dúvida, confere ao pensamento existencial uma performance de vanguarda na busca de compreensão de temáticas como morte, felicidade, angústia etc. Outro aspecto igualmente importante é o surgimento nos mais diversos cantos do país de grupos que se procuram e se afinam na tentativa de uma melhor compreensão do pensamento existencial. Esses grupos se fomentam e de alguma forma fazem com que o pensamento existencial adquira novos contornos diante de uma reflexão.

Também é fato que a psicoterapia existencial jamais conseguirá reunir tantos adeptos como outras correntes em psicoterapia. O simples fato de propor uma compreensão da existência de forma única desrevestindo-se de amarras teóricas de padronização e generalização faz com que seja deixada ao ostracismo, principalmente numa sociedade tecnocrata onde, como fizemos referência há pouco, muitos trabalhos são realizados a partir do comportamento de animais. Aceitar cada pessoa, como sendo única sem nenhuma teoria apriorística a explicar-lhe o sofrimento e os desatinos existenciais, seguramente, é uma proposta muito difícil de ser aceita num mundo padronizado e até mesmo robotizado. E acrescente-se ainda que na ótica sartriana o homem é inserido em sua condição social revestindo-o das consequências da mazelas políticas e sociais que o agrilhoam de modo impiedoso. Dessa forma não há como querer que a psicoterapia existencial tenha plena aceitação pela simples recusa que faz de qualquer tipo de generalização e extrapolação. A psicoterapia existencial é muito mais um trabalho artesanal onde o encontro terapêutico ganha esplendor, do que qualquer conceituação que se faça a outras correntes psicoterápicas.

E embora possa parecer mero e simples pedantismo um autor que escreve sobre psicoterapia existencial afirmar que apenas alguns poucos psicoterapeutas poderão adotar esses caminhos, ainda assim tal afirmação mostra-se verdadeira na medida em que as pessoas cada vez mais buscam pela técnica como uma maneira de assegurar-se contra percalços surgidos ao longo do caminho. Cada vez mais são desprezados os caminhos que não optam pelo tecnicismo e pela sistematização dos padrões de análise e condutas humanas. A psicoterapia existencial é construída de maneira nova a cada momento e em cada encontro terapêutico; ela é sedimentada na verdade que emerge da paixão, e nunca do experimento dito científico; ela é estribada no pulsar do coração, e jamais na generalização de comportamentos obtidos cientificamente de ratos e pombos engaiolados; ela é sustentada pelo choro chorado pela alma humana, e não pelos mecanismos em atrito de alguma possível máquina. A psicoterapia existencial é uma arte destinada a pouco artesãos que, acima de qualquer razão, têm clara a dificuldade de enveredar por caminhos antagônicos aos preceitos considerados praticamente como oficiais no campo da psicoterapia. Não é, nem será jamais uma prática sistematizada com preceitos e normas delimitados formalmente.

Bibliografia Existencialista

A obra existencialista é bastante vasta em diversos idiomas. Nesse sentido e pela impossibilidade de citação do conjunto completo dessas obras, citaremos apenas as obras originais dos autores que fizemos referência. Também incluímos um item de obras introdutórias.

Filósofos Existencialistas

Soren Kierkegaard

O Desespero Humano. Porto: Ed. Tavares Martins, 1961.

O Conceito da Angústia. Lisboa: Ed. Presença, 1972.

Temor: Temblor. Buenos Aires: Ed. Losada, 1947.

Estética y Ética en La Formación de la Personalidad. Buenos Aires: Nova Ed., 1955.

Frederich Nietzsche

Assim Falou Zaratustra. São Paulo: Martin Claret, 1999.

Para Além do Bem e do Mal – Prelúdio a uma Filosofia do Futuro. São Paulo: Martin Claret, 2007.

Ecce Homo. São Paulo: Companhia das Letras, 2000.

Martin Heidegger

Sobre a Essência da Verdade – A Tese de Kant Sobre o Ser. São Paulo: Editora Duas Cidades, 1970.

Que é Metafísica. São Paulo: Editora Duas Cidades, 1969.

Sobre o Problema do Ser – O Caminho do Campo. São Paulo: Editora Duas Cidades, 1970.

Sobre a Essência do Fundamento. São Paulo: Editora Duas Cidades, 1971.

Introdução à Metafisica. Rio de Janeiro: Editora Tempo Brasileiro, 1978.

Sobre o Humanismo. Rio de Janeiro: Editora Tempo Brasileiro, 1967.

O Fim da Filosofia. São Paulo: Editora Duas Cidades, 1972.

El Ser y El Tiempo. México: Ed. Fundo de Cultura Econômica, 1961.

Carta ao Humanismo. Rio de Janeiro: Tempo Brasileiro, 1967.

Jean-Paul Sartre*

El Ser y La Nada. Buenos Aires: Ed. Losada, 1981.

O Existencialismo é um Humanismo. Lisboa: Ed. Presença, 1970.

Crítica de La Razón Dialéctica. Buenos Aires: Ed. Losada, 1969.

A Questão do Método. São Paulo: Abril Cultural, 1978.

Esboço de Una Teoria de Las Emociones. Córdoba: Univ. Nacional de Córdoba, 1959.

* Sartre possui ainda uma vasta obra literária e teatral que deixamos de registrar, mas que pode ser facilmente encontrada.

Maurice Merleau-Ponty

A Fenomenologia da Percepção. São Paulo: Martins Fontes, 1999.

O Visível e o Invisível. São Paulo: Editora Perspectiva, 1976;

O Olho e o Espírito. São Paulo: Cosac & Naif, 2005.

Signos. São Paulo: Martins Fontes, 2001.

Fenomenologia

Edmund Husserl

Investigaciones Lógicas. Madrid: Rev. de Occidente, 1949.

Abreviatura de las Investigaciones Lógicas. Buenos Aires: Rev. de Occidente, 1949.

Ideas Relativas a una Fenomenologia Pura y una Filosofia Fenomenológica. México: Fundo de Cultura Económica, 1949.

Psiquiatria Fenomenologica

Ludwig Binswanger

Artículos, Conferencias Escogidas. Madrid: Ed. Gredos, 1973.

Psiquiatria Existencial. Santiago do Chile: Col. Universitária, 1961.

Três Formas de Existência Malograda. Rio de Janeiro: Zahar Editores 1977.

J. H. Van Den Berg

O Paciente Psiquiátrico. Campinas: Editora Livro Pleno, 2005.

Pequena Psiquiatria. São Paulo: Ed. Mestre Jou, 1970.

Psiquiatria e Psicoterapia Existencialista

Victor Emanuel Frankl

Psicoterapia e Sentido de Vida. São Paulo: Ed. Quadrante, 1973.

Fundamentos Antropológicos da Psicoterapia. São Paulo: EPU, 1976.

A Psicoterapia na Prática. São Paulo: EPU, 1976.

Psicoanálise y Existencialismo. México: Fundo de Cultura Económica, 1957.

Un Psicólogo en el Campo de Concentración. Buenos Aires: Ed. Platin, 1955.

Psicoterapia, Una Casuística para Médicos. São Paulo: EPU, 1975.

Medard Boss

Angústia, Culpa e Libertação. São Paulo: Editora Duas Cidades, 1977.

Na Noite Passada Eu Sonhei... São Paulo: Sumus Editorial, 1979.

Psicoanálisis y Analítica Existencial. Barcelona: Científico-Médica, 1958.

The Analysis of Dreams. Nova York: Philosophical Library, 1975.

Ronald D. Laing

– *A Psiquiatria em Questão*. Porto: Ed. Presença, 1972.

O Eu e os Outros. Petropólis: Ed. Vozes, 1973.

O Eu Dividido. Petropólis: Ed. Vozes, 1973.

Razão e Violência – Uma Década da Filosofia de Sartre. Petropólis: Ed. Vozes, 1976.

Laços. *Petropólis*: Ed. Vozes, 1973.

A *Política da Experiência e A Ave do Paraíso*. Petropólis: Ed. Vozes, 1972.

Obras Introdutórias

João da Penha. *O que é Existencialismo*. São Paulo: Ed. Brasiliense, 1982.

Robert G. Olson. *Introdução ao Existencialismo*. São Paulo: Ed. Brasiliense, 1970.

E. Mounier. *Introducción a los Existencialismos*. Madrid: Rev. de Occidente, 1957.

André Dartigues. *O que é a Fenomenologia*. Rio de Janeiro: Ed. Eldorado, 1973.

Ruitembreek – org. *Psicoanálisis y Filosofia Existencial*. Buenos Aires: Ed. Paidos, 1965.

Seguin C. A. *Existencialismo y Psiquiatria*. Buenos Aires: Ed. Paidos, 1960.

REFERÊNCIAS

ANGERAMI, V.A., Solidão. A Ausência do Outro. Belo Horizonte: Artesã Editora, 2017.

ANGERAMI, V.A., *Paradoxo Humano e Psicoterapia* in *Angústia e Psicoterapia*, Angerami, V.A. (org). São Paulo: Pearson Learning, 2014.

ANGERAMI, V.A., *Existencialismo & Psicoterapia*, São Paulo: Traço Editora, 1984.

ANGERAMI, V.A., *As Relações de Amor em Psicoterapia*, Belo Horizonte: Artesã, 2018.

ANGERAMI, V.A., *A Psiquiatria Sob Sarte. Uma Psiquiatria Humana*, in *Psicoterapia Fenomenológico Existencial*, Angerami, V.A. (org.). Belo Horizonte: Artesã, 2017.

BEAUVOIR, S. *The Prime Of Life*. Paris: Gallimard, 1949.

BERTOLINO, P. *Sartre: Transcendência e Constituição do Ego* in Revista de Ciências Humanas, publicação da Editora Universidade Federal de Santa Catarina, Vol. n° 2, Florianópolis, 1982.

BETO, F. Batismo de Sangue, Rio de Janeiro: Editora Civilização Brasileira, 1982.

BORNHEIM, G. *Sartre*, São Paulo: Editora Perspectiva, 1979.

BOSS, M. *Angústia, Culpa e Libertação*, São Paulo: Ed. Duas Cidades: 1977.

BOSS, M. *Na Noite Passada Eu sonhei*. São Paulo: Summus Editorial, 1986.

BUBER, M. Eu e Tu, São Paulo: Edit. Moraes & Cortez, 1977.

DANTO, C. A. *As Idéias de Sartre*. São Paulo: Ed. Cultrix, 1978.

DARTIGUES, A. O que é a Fenomenologia. Rio de Janeiro: Livraria Eldorado Tijuca Ltda., 1973

DOSTOIEVSKI, F. Título: *Crime e Castigo*. São Paulo: Editora 34, 2004.

FRANKL, V. E. *A Psicoterapia na Prática*. São Paulo- Edit. Pedagógica e Universitária Ltda. 1976.

FREUD, S. *O Mal-Estar na Civilização*. Rio de Janeiro: Imago Editora, 1988.

FREUD, S. Obras completas – Vol. II – *Leogines Introductorias al Psicanaliseis*. Madri: Editoral Biblioteca Nueva, 1948.

HEIDEGGER, M. *Carta ao Humanismo*. Rio de Janeiro: Tempo Brasileiro, 1967.

HEIDEGGER, M. *Being and Time*. Londres: Ed. Oxford, 1962.

HEMPEL, C. G. *Filosofia da Ciência Natural* .Rio de Janeiro: Zahar Editores: 1974.

KIERKEGAARD, S. *Temor e tremor*. São Paulo: Abril Cultural, 1979.

KIERKEGAARD, S. *Attack Upon Christendom*. Versão digitalizada, 2017.

KIERKEGAARD, S. *Diário de um Sedutor; Temor e Tremor; O Desespero Humano* (Doença até a Morte). São Paulo: Abril Cultural 1979.

LAING, R. D. e COOPER, D. G. *Razão e Violência – Uma Década da Filosofia de Sartre*. Petrópolis: Editora Vozes, 1976

MAY, Rollo. *Peligros em la Relación Entre el Existencialismo y la Psicoterapia,* in *Psicoanálise y Filosofia Existencial*. H.M. Ruitembreek, org., Buenos Aires: Ed. Paidós, 1965.

MAY, Rollo. (org). *Psicologia Existencial*. Porto Alegre: Ed. Globo, 1975.

MERLEAU-PONTY, M. *Fenomenologia da Percepção*. São Paulo. Editora Martins Fontes, 1999.

MERLEAU-PONTY,M. *O Visível e o Invisível*, São Paulo: Editora Perspectiva, 1971.

MILLON, T. *Teorias da psicopatologia e personalidade*. Rio de Janeiro: Interamericana, 1979.

MOUNIER, G. *Introducción a el Existencialismo*. Madri: Rev. de Ocidente, 1957.

NIETZSCHE, F. W. *Para Além do Bem e do Mal – Prelúdio a uma Filosofia do Futuro*. São Paulo: Martin Claret, 2007.

NIETZSCHE, F. *Vontade de Potência*. Porto Alegre: Livraria Globo, 1945.

NIETZSCHE, F. W. *Assim Falou Zaratustra*. São Paulo: Martin Claret, 1999.

NIETZSCHE, F. W. *Ecce Homo*. São Paulo: Companhia das Letras, 2000.

NIETZSCHE, F. W. *Crepúsculo dos ídolos: ou como filosofar com o martelo*. Rio de Janeiro: Relume Dumará, 2000.

OLSON, R.G. Introdução ao Existencialismo. São Paulo: Editora Brasiliense, 1970.

PENHA, J. *O Que é Existencialismo*. São Paulo: Editora Brasiliense, 1982.

PESSOA, F. *Livro do desassossego*, por Bernardo Soares, Fernando Pessoa – Publicações Europa-América, 1986

SARTRE, J. P. *Transcendência do Ego*, São Paulo: Difusão Europeia do Livro, 1979.

SARTRE, J.P. e Ferreira. V. *O Existencialismo é um Humanismo*. Lisboa: Editora Presença, 1970.

SARTRE, J. P. *El Ser y La Nada*. Buenos Aires: Edit. Losada, 1981.

SARTRE, J. P. Situations III Paris: Edit. Gallimard, 1949.

SARTRE, J. P. *Transcendência do Ego*, São Paulo: Difusão Europeia do Livro, 1979.

SARTRE, J.P. *A Náusea*, Rio de Janeiro: Ed. Nova Fronteira, 1981.

SCHOPENHAUER, A. *O mundo como vontade e como representação*. Rio de Janeiro: Contrapontos, 2001.

SEGUIN, C. A. Existencialismo y Psiquiatria. Buenos Aires: Ed. Paidos, 1960.

TORRES, W.C., GUEDES, G.W., e TORRES, C.R., Org. *A Psicologia e a Morte*, Rio de Janeiro: Fundação Getúlio Vargas, 1983.

VAN DEN BERG, J. H. *O Paciente Psiquiátrico – Esboço de Psicopatologia Fenomenológica*. Campinas: Editora Livro Pleno, 2005

XAUSA, I.A.M. *A Psicologia do Sentido da Vida*. Petrópolis: Editora Vozes, 1986.

XAUSA, I. A. M. *Viktor Frankl: Um Psicólogo no Campo de Concentração* in Separata da Revista Psico do Instituto de Psicologia da PUCRS, Vol 6. N° 2. págs. 95-115. Porto Alegre, jul/dez. 83.

POSFÁCIO

Odeio escrever...
e muitos me indagarão, “como isso é possível
com tantos escritos e livros?!”
E simplesmente responderei:
“É um dos meus instrumentos na luta
contra a brutal desigualdade social que açoita
violentamente os combalidos e humilhados”.
E o prazer de outras atividades sucumbe diante
dessa trincheira da escrita.

Construindo ideias
e conectando mentes

Este livro foi composto com tipografia Bembo
e impresso em papel Pólen Soft 80g/m²
na Gráfica Formato em outubro de 2021.